重庆市教育委员会人文社会科学研究思政专项项目（项目
西南大学马克思主义理论研究中心"21世纪马克思主义与中国共产

文以化人研究

崔健　黄晶晶 ◎ 著

西南大学出版社

图书在版编目(CIP)数据

文以化人研究／崔健，黄晶晶著. -- 重庆：西南大学出版社，2023.12
ISBN 978-7-5697-0327-6

Ⅰ.①文… Ⅱ.①崔… ②黄… Ⅲ.①文艺－作用－德育－研究－中国 Ⅳ.①G41

中国版本图书馆CIP数据核字(2020)第108019号

文以化人研究
WEN YI HUA REN YANJIU

崔　健　黄晶晶　著

责任编辑	文佳馨
责任校对	刘欣鑫
装帧设计	闻江文化
排　　版	杜霖森
出版发行	西南大学出版社（原西南师范大学出版社）
地　　址	重庆市北碚区天生路2号
邮　　编	400715
网　　址	http://www.xdcbs.com
市场营销部电话	023-68868624
印　　刷	重庆愚人科技有限公司
成品尺寸	170 mm×240 mm
印　　张	13.75
字　　数	214千字
版　　次	2023年12月第1版
印　　次	2023年12月第1次
书　　号	ISBN 978-7-5697-0327-6
定　　价	58.00元

前 言

中华民族上下五千年的文明发展史,镌刻着以善为本、尽善尽美的价值取向和审美追求,蕴藏着内涵丰富、独有千秋的道德精神和德教传统。这种特有的审美旨趣和艺术气质既是中华民族美学传统与德教传统的重要表征,又是我们全面理解中华民族德教传统的重要视角和重要方面,更是当代中国文化建设与思想道德建设弥足珍贵的精神资源。文艺育德作为中华民族美学传统与德教传统的时代承续,成为马克思主义经典作家一以贯之的重要理论。

党的十八大以来,习近平基于民族发展的考量,从优秀传统文化中汲取珍贵养分,并结合文化强国建设的宝贵经验和鲜活实际,坚持以人民为中心的发展思想,高度关注和重视在发展不平衡不协调的情况下人民的精神文化需求。他以马克思主义文艺育德理论为思想源流,以思想政治教育的时代境遇为问题导向,提出并阐发了一系列源于人、回归人、发展人的,重要的文艺育德理论,发展了马克思主义文艺育德思想。

本书旨在植根于以以善为本、尽善尽美为价值取向与德教传统的中华文化视野中,全面回顾马克思主义文艺育德的产生、发展与流变,深入总结马克思主义文艺育德的宝贵经验,展望新时代思想政治教育学科创新发展前景。全书以马克思主义文艺育德的发展历史为线索,系统研究了文艺育德的理论缘起、文艺育德的存在样态、文艺育德的经典传承、文艺育德的他山之石、文艺育德的时代发展、文艺育德的内容体系、文艺育德的实践要素、文艺育德的运行机制、文艺育德的时代意蕴,并按专题的内在逻辑展开讨论,形成了完整的框架体系。这对于研究马克思主义文艺育德的发展,提升思想政治教育的实效性,推动新时代思想政治教育学科的创新发展,具有重要的理论与实践意义。

目 录
MULU

绪　论 /001
　　一、研究缘起　/002
　　二、研究目的和意义　/011
　　三、文献综述　/015
　　四、简要述评　/025
　　五、概念界定、研究思路和重难点　/029
　　六、研究方法与创新点　/035

第一章
文艺育德的理论缘起 /037
　　一、何为文艺　/038
　　二、文艺的育德功能　/046
　　三、文艺育德的独特价值　/053

第二章
文艺育德的存在样态 /059
　　一、按照文艺的形式划分　/060
　　二、按照教育场域划分　/070

第三章
文艺育德的经典传承 /077
　　一、中华优秀传统文化中文艺育德思想的沿袭理念　/078
　　二、马克思主义经典作家文艺育德思想的承续　/085

第四章
文艺育德的他山之石 /095
一、古希腊时期的文艺育德思想 /096
二、中世纪及"文艺复兴"的文艺育德思想 /100
三、近现代时期的文艺育德思想 /103

第五章
文艺育德的时代发展 /107
一、文艺育德论的发展动力 /108
二、文艺育德论的创新发展 /114
三、文艺育德论的时代品性 /119

第六章
文艺育德的内容体系 /127
一、传统经典：道德教育亦需文化传统的血脉 /128
二、中外相通：追求真善美是文艺的永恒价值 /133
三、时代之作：每个时代都有每个时代的精神 /140

第七章
文艺育德的实践因素 /143
一、文艺育德队伍论 /144
二、文艺育德目的论 /150
三、文艺育德方法论 /154
四、文艺育德管理论 /162

第八章
文艺育德的运行机制 /167
一、文艺育德的主要原则 /168
二、文艺育德中的劝服性传播的基本规律 /176
三、文艺育德的过程特征 /182

第九章
文艺育德的时代意蕴 /189
　　一、进一步论证交叉学科研究的时代必然性 /190
　　二、助力提升思想政治教育的实效性 /195

结　语 /203
主要参考文献 /205

绪 论

一、研究缘起

思想政治教育的产生、存在和发展,源于人们的认识活动、社会实践活动和价值实践活动,且其伴随着国家和阶级的产生而产生,以不同的性质与形式存在、发展于不同的社会形态(除原始社会以外)中。以中国共产党的思想政治教育为代表的无产阶级的思想政治教育在人类思想政治教育史上留下了浓墨重彩的一笔,高度重视思想政治教育是中国共产党在长期的革命与斗争、建设与发展的过程中形成的一项优良传统和政治优势。1984年,为适应新的历史时期的思想政治教育工作的需要,教育部印发《教育部关于在十二所院校设置思想政治教育专业的意见》,决定在高等院校设置思想政治教育专业,采取正规化的方法培养专门人才。在党的正确领导下,思想政治教育在探索中不断发展。

在进入2000年后,我们党更加重视思想政治教育的"生命线"作用,颁布和出台了一系列文件。如,2004年8月26日,中共中央、国务院颁布了新中国成立以来第一个全面部署大学生思想政治教育的具有里程碑意义的纲领性文件《中共中央、国务院关于进一步加强和改进大学生思想政治教育的意见》;再如,2005年2月7日,中共中央宣传部、教育部下发了《中共中央宣传部、教育部关于进一步加强和改进高等学校思想政治理论课的意见》,即思想政治教育理论课的"05方案";又如,2008年9月23日,中共中央宣传部、教育部下发《中共中央宣传部、教育部关于进一步加强高等学校思想政治理论课教师队伍建设的意见》。这些文件的颁布和出台,使中国共产党的思想政治教育始终与时俱进,不断创新发展。党的十八大以来,"在党中央坚强领导下,宣传思想战线积极作为、开拓进取,党的理论创新全面推进,中国特色社会主义和中国梦深入人心,社会主义核心价值观和中华优秀传统文化广泛弘扬,主流思想舆论不断巩固壮大,文化自信得到彰显,国家文化软实力和中华文化影响力大幅提升,全党全社会思想上的团结统一更加巩固"①。

通过图1,笔者发现以"新形势下"为关键词的文献数量在2013—2023年的思想政治教育研究的文献数量中居于第9位,可见在党的十八大以后,党中央始终坚持"把人民对美好生活的向往作为我们的奋斗目标,既解决实际问题又解决思想问题,更好强信心、聚民心、暖人心、筑同心"②。质言之,随着中国特色社会主义不断发展,我们党对思想政治教育面临的新形势给予了积极的回应。而在思想政治教育学科发展的历史逻辑中,在以新形势为起点后,思想政治教育的"实效性"问题仍旧是学科研究重点关注的议题,这一聚焦于思想政治教育的根本任务是否能够顺利完成的问题的重要指标,在当前思想政治教育所处环境变得更为复杂的情况下,面临着更多的理论和实践的困境。同时,理论界和学界对思想政治教育中受教育者的关注变得更为密切,由"受教育者""人文关怀"和"以人为本"等词,笔者发现思想政治教育在强调其意识形态功能——"举旗帜"的同时,亦关注"育新人",更加重视其人性关怀。这就表明,党的十八大以来,思想政治教育的学科建设与时俱进,成为正确引导社会思想的旗帜,为社会思想文化以及各项事业的顺利发展指引了方向。尤其是当我国社会主要矛盾发生变化时,思想政治教育学科肩负起了学科使命,负重前行。我们党将马克思主义基本理论与党的思想政治教育的具体实践相结合,从中总结、提炼出关于党的思想政治教育的理性认知和思考的内容,从而取得了重要的理论成果。

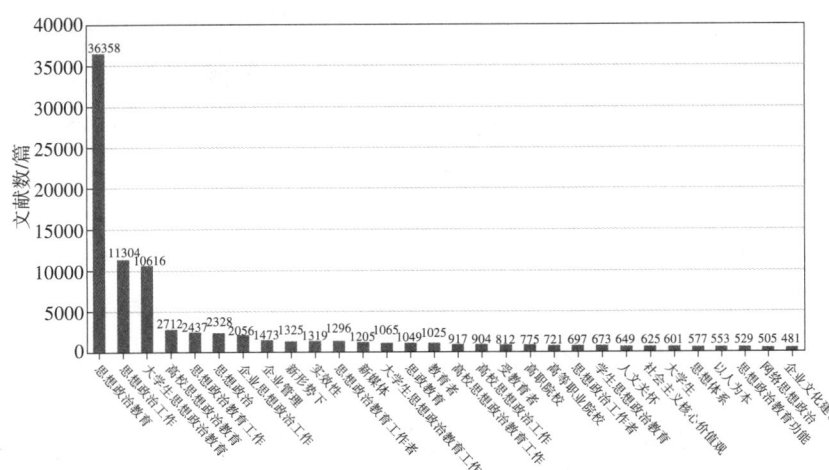

图1 2013—2023年思想政治教育研究的关键词分布情况

①习近平.习近平谈治国理政:第三卷[M].北京:外文出版社,2020:310-311.
②习近平.习近平谈治国理政:第三卷[M].北京:外文出版社,2020:311.

思想政治教育的人文关怀着重体现在文化向度的对人性的思考上，这是随着社会存在的发展而出现的，是学科"三因"发展的必然转向。原有的在思想政治教育社会哲学范式下的研究服务于党的革命、建设和改革的事业，在这一进程中对人的价值主体性的认识不足，成为社会矛盾产生与存在、发展的重要原因。思想政治教育最初的"生命线"论断必须在新时代中被赋予新的时代内涵，我们应在坚持其意识形态的核心功能的前提下，在百年未有之大变局下，意识到人被束缚在文明每向前进一步而道德就倒退一步的困局之中，关注并解决人的生存处境的问题，避免人们思想的"流离失所"、精神家园的虚无。

人类生活的基础不是自然的安排，而是文化形成的形式和习惯。文化需要以文艺为载体表现其内容、特征和规律等，经典文艺作品在反思历史与反映当代生活的过程中预示未来，考量人类社会的发展。现实中的个人需要从艺术表达的美之中寻求精神的栖息地。使思想政治教育的内容（尤其是道德教育）以艺术之美的形式表达在满足人的精神回归需求的同时，完成主流价值观念的灌输，这是21世纪初，学者们开始研究文艺与思想政治教育的关系问题的基点。以"文艺育德"为核心进行研究的著作，以文学作品的视角切入，回答了文艺与思想政治教育的关系问题，这是基于中华民族的德教传统和特有审美价值取向的历史纵深方面的研究，其成果是对生产力发展的历史轨迹上一脉相承的"以文学作品来表达上层建筑"的笃定。但文艺与思想政治教育之间的耦合性纽带并不仅仅体现于文学作品中，生产力的发展会促进人类文明载体的多样化和思想的多元化。中国特色社会主义建设进入新时代，中国社会主要矛盾转变为人民日益增长的美好生活需要和不平衡不充分的发展之间的矛盾，其中美好生活的需要在很大程度上是人们对精神文化需求得到满足的期待，而承载精神文化的载体除文学作品外，亦包括各类的文艺形式。

（一）思想政治教育的"实效性"有待提升

市场经济时代，物欲横流、思想文化多元化，部分人过度追求物质利益，忽视精神需求与修养，造成精神空虚、精致的利己主义与消费主义肆意横行,道德失范甚至沦丧。而当前思想政治教育的艺术性与实效性仍有待提升,其载体过于单一,教育内容枯燥、空泛,缺乏审美性、人文性,外延界限不明显。由此,思想政治教育的"实效性"研究仍占据思想政治教育领域的重要位置。笔者运用CiteSpace(文献计量分析软件),以《思想理论教育导刊》成为中文社会科学引文索引(CSSCI)来源期刊以来的研究论文为蓝本,绘制了2013—2023年间该刊的研究特点图谱,发现"实效性"是其中的一个热点问题,与"教学改革"和"实践教学"密切相关(图2)。

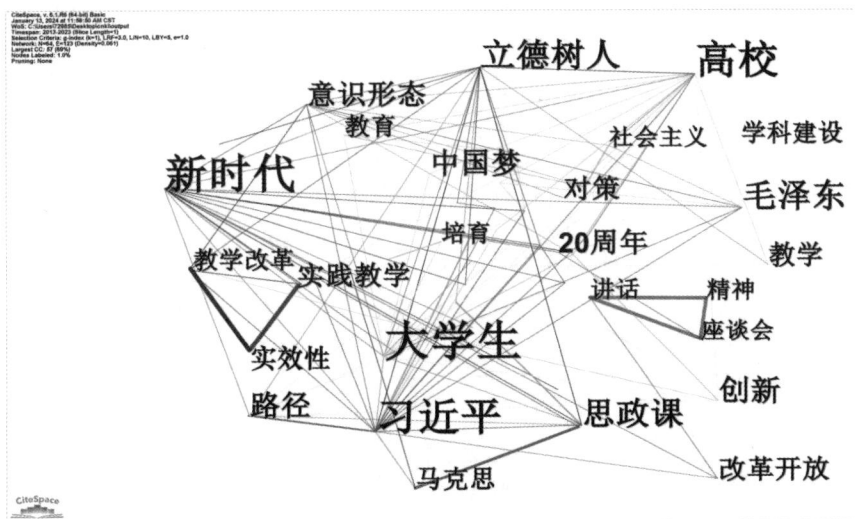

图2 《思想理论教育导刊》论文关键词共现知识图谱(2013—2023)

思想政治教育的实效性问题一直是思想政治教育实践的核心问题。提高思想政治教育的实效性,既是重要的理论课题,也是现实的实践课题;既需要理论研究,也需要实践探索。简言之,思想政治教育的实效性是对思想政治教育的目标最终实现与达成的界定。思想政治教育作为一门特殊的学科,其"理论课改革是由总书记批示、政治局决定的,思想政治理论课新教材全部由马克思主义理论研究和建设工程咨询委员会审定,由中宣部、教育部、各省市分期分批组织全体任课教师培训,充分体现了国家意志、国家意识、国家战略和国家期待"[①]。这一学科的实效性在寻求党和国家的意志与个人目标统一的过程中经历了检验与考量。

① 王荣发.德育的逻辑——思想政治教育有效性的逻辑进路研究[M].上海:华东理工大学出版社,2013:序言1.

为更为直观地显示思想政治教育的实效性研究在思想政治教育研究中的重要性,笔者绘制了CSSCI数据库中《思想理论教育导刊》2013—2023年间高频次和高中心度的关键词表格,发现"实效性"作为研究论文的关键词,其出现频次排在第27位(详见表1)。

表1　CSSCI数据库中《思想理论教育导刊》高频次和高中心度的关键词(2013—2023)

频次	中心度	排序	关键词	频次	中心度	排序	关键词
264	0.36	1	大学生	26	0	16	对策
186	0.44	2	新时代	22	0.08	17	马克思
158	0.53	3	习近平	20	0	18	学科建设
153	0.37	4	高校	20	0.03	19	教育
66	0.04	5	毛泽东	17	0	20	教学改革
65	0.21	6	立德树人	17	0.06	21	培育
50	0.02	7	思政课	16	0.02	22	座谈会
39	0.11	8	创新	16	0.01	23	社会主义
34	0	9	中国梦	16	0.05	24	讲话
34	0.04	10	路径	15	0	25	精神
30	0.1	11	意识形态	14	0	26	文化自信
28	0.06	12	20周年	13	0.01	27	实效性
27	0	13	教学	13	0	28	课程思政
27	0.1	14	改革开放	13	0	29	共同富裕
27	0	15	实践教学	13	0.06	30	教学方法

直言之,从上表中我们不难发现,思想政治教育作为一门特殊的学科,其特殊性的另一方面体现在教育对象的特殊上,即教育对象是"高校大学生"。大学生作为青年群体的最主要的构成部分,是最为活泼、富有朝气的群体。他们处于未成年人与成年人的交叠期、身心的嬗变期、就业与深造

的压力期等,而能否帮助新时代大学生彻底掌握社会主义核心价值观的内容,引领其成长、成才,是判断思想政治教育实效性是否显现的重要根据和标准。①而影响实效性的重要决定性因素则是思想政治理论课这一主阵地的教育质量,以及不断的思想政治理论课教育改革、建设、指导。

(二)新时代中国共产党对文艺育德的强调与发展

文艺作为一种社会意识形态,是对经济基础和社会存在的集中反映,承担着传承优秀文化的重要使命。"文化自信是一个国家、一个民族发展中更基本、更深沉、更持久的力量。"②在新时代,不断增强文化自信和建设文化强国的目标,要求社会主义文艺发展有更新的突破,这需要在党的领导下,坚持走中国特色社会主义道路。由此,文艺育德成为新时代党在不断提升的人的文化素养中潜移默化地注入时代所需要的主流道德因素,推进文化发展,提升文化自信和建设文化强国的着力点。

回顾历史,文艺复兴把"人"从"神"的束缚中解放出来,引领西欧走出中世纪的蒙昧,迎来了现代文明的曙光。但过分强调"人"的中心地位以及人类利益至上也成为当今西方文化的"死穴"。近年来,西方学术界逐渐认识到人类中心主义是导致包括生态危机在内的全球性危机的罪魁祸首,由此,克服人类中心主义成为人类文明发展的当务之急。在如何处理人与自然的关系方面,中华文化积累了丰富的中道智慧,是克服人类中心主义的一剂良方。中华文化一方面注重人在天地之间的地位与作用,强调"惟人万物之灵"(《尚书·泰誓上》);另一方面注重天地本身的价值,正所谓"人法地,地法天,天法道,道法自然"(《道德经》),人必须遵从自然规律。中华文明之所以能成为世界上唯一数千年未曾中断的文明,正在于我们摆正了人在天地之间的位置,合理地"安顿"了"天、地、人"。

中华民族向来重视文以载道、以文化人的德教传统,在革命战争年代和社会主义建设时期,中国共产党人充分发挥文艺鼓舞人心的作用,进行思想政治教育,凝聚人心。党的十八大以来,以习近平同志为核心的党中

---

①王荣发.德育的逻辑——思想政治教育有效性的逻辑进路研究[M].上海:华东理工大学出版社,2013:序言1.
②习近平.决胜全面建成小康社会 夺取新时代中国特色社会主义伟大胜利——在中国共产党第十九次全国代表大会上的报告[M].北京:人民出版社,2017:23.

央进一步强调文艺作为民族文化的重要载体与表现形式,要实现以文化人、以文育人。2014年10月15日,习近平在文艺工作座谈会上的讲话中提出,"文艺是时代前进的号角,最能代表一个时代的风貌"[1],"我国作家艺术家应该成为时代风气的先觉者、先行者、先倡者,通过更多有筋骨、有道德、有温度的文艺作品,书写和记录人民的伟大实践、时代的进步要求,彰显信仰之美、崇高之美"[2],"我们要通过文艺作品传递真善美,传递向上向善的价值观,引导人们增强道德判断力和道德荣誉感,向往和追求讲道德、尊道德、守道德的生活"[3]。

以文化人、以文育人作为思想政治教育的重要方法,对隐性思想政治教育的发展具有重要的推动作用。在CNKI中以"思想政治教育的方法"为篇名,设定发文时间为2013年1月1日—2023年2月28日进行搜索,笔者发现有文章16349篇,将其按被引频次排序,取前200篇进行关键词分析,发现思想政治教育的方法论问题的研究主要集中在思想政治教育的原则与方法、思想政治教育的载体与运用、思想政治教育的环境与优化、思想政治教育的评估与反馈方法等方面(图3)。

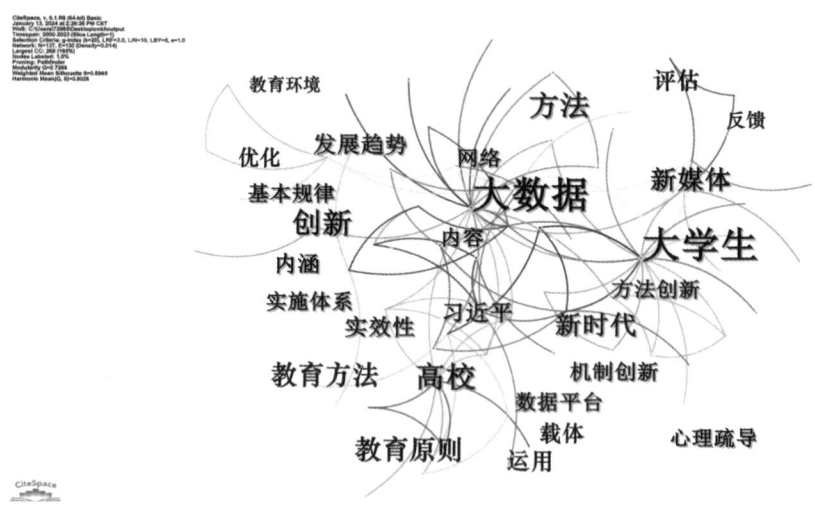

图3 思想政治教育方法论研究的关键词共现网络关系图

---

[1]习近平.在文艺工作座谈会上的讲话[M].北京:人民出版社,2015:5.
[2]习近平.在文艺工作座谈会上的讲话[M].北京:人民出版社,2015:6.
[3]习近平.在文艺工作座谈会上的讲话[M].北京:人民出版社,2015:25.

在"隐性教育""自我教育""方法创新"等维度,许多研究者均有谈到关于文艺的思想政治教育功能的问题。美国社会学家罗斯认为,道德法律、社会舆论、社会暗示、宗教信仰、个人理想、人生礼仪、文化艺术乃至社会评价等,都可以成为社会控制的方式和手段。在当前的思想政治教育活动中,人们对文艺的思想政治教育功能的重视还不够,文艺育德工作还存在一些不足,"思想政治教育的文化品位"[①]还有待提升。

(三)思想政治教育学和文艺学的关系的维度

学科分化是科学进步的必要条件,但融合则使人对自然界有了更深入的总体认识,为进一步科学分化提供了新的出发点和指导原则。也就是说,"没有一个学科是从来就有的,也不会有一个学科万古不变地长存下去。学科的设置是人类认识发展到特定阶段的需要,是权宜之策,而非一劳永逸。学科之间的互动、渗透,旧学科的瓦解和新的边缘性学科的重构体现着人类认识向更高层次迈进的又一层需求,是自然而然的"[②]。

思想政治教育学科的特殊性之一在于,这一新兴学科同国家意志、国家战略息息相关。而这一学科亦同别的新兴学科一样,综合运用多学科研究成果,在实践经验的科学总结、不断提炼中升华而成为一门应用性极强的学科。这就决定了这门学科的发展不仅要体现自己的学科特色和专业特点,而且要十分注重对相关学科理论、方法的汲取与借鉴。以学科间性为依据,毋庸置疑,艺术的社会功能与思想政治教育的部分功能之间存在交织、叠加的情况。"诗,可以兴,可以观,可以群,可以怨。迩之事父,远之事君;多识于鸟兽草木之名。"(《论语·阳货》)艺术的社会功能包括文学的作用与影响,其中教育功能与认识功能对思想政治教育有深刻的影响。例如在近代,源于欧洲,以陀思妥耶夫斯基、易卜生等为理论先驱,以凡·高、塞尚等为代表人物的文学艺术的表现主义流派。在第一次世界大战之后,明显具备政治功能的艺术作品获得了更多的关注,而表现主义所展现的阴暗堕落的社会面貌及激进的政治立场,则是对当时社会价值观的扭曲的真实写照,以及对社会机器发生故障的原因的揭示。所有学科发展的目的,

---

[①]沈壮海.关注思想政治教育的文化性[J].思想理论教育,2008(3):4.
[②]叶舒宪.文学与人类学[M].西安:陕西师范大学出版总社,2018:126.

尤其是哲学社会科学发展的目的,不外是要实现人的自由全面发展。同时,社会主义文艺学的基本指导理论是马克思主义文艺理论,思想政治教育的根本指导理论是马克思主义思想政治教育理论,两者皆为马克思主义理论体系中不可分割的组成部分。而这两个学科尽管侧重点不同,但都必须遵循这一体系的完整性和系统性原则。文艺育德旨在利用优秀文艺作品对人们进行思想道德教育,通过感化、教化,实现文艺作品的思想政治教育功能,发挥思想政治教育的作用,鼓励人们拧紧正确的"总开关",弘扬社会正气,坚定文化自觉和文化自信。

二、研究目的和意义

（一）提供方法论指导，助益于新时代思想政治教育的有效性的提升

着力探讨文艺育德如何提升思想政治教育有效性的问题，发展与完善思想政治教育的方法论原理，助力新时代思想政治教育学的学科使命的完成，以及实现思想政治教育学科的创新发展。理论的产生是为了更好地指导实践的发展，而理论又在实践中进一步深化。质言之，文艺育德思想直接运用于社会主义文化大发展大繁荣的实践活动中，指导德艺双馨的文艺工作者创作具有时代影响力的艺术精品，以此引导人民树立正确价值观念和思想意识。总而言之，德育文艺之维研究的目的并不在于从文艺的维度认识与解读德育的存在与发展问题，更不是把德育的某些部分从其已经产生与建构的体系中抽离出来，而是关注文艺的思想政治教育的功能，从思想政治教育的方法论、载体论等维度去建构新的理论体系，以期实现思想政治教育的亲和力与感染力的提升，从而提升新时代思想政治教育的实效性，更好地实现立德树人根本任务，并在此基础上展望思想政治教育学科的创新发展。

（二）探赜马克思主义文艺育德思想中国化与时俱进发展的新境界

马克思、恩格斯在对文艺的本质作出阐述之后，鼓励文艺工作者为工人阶级进行创作，即创作基于当时的社会背景以及现实主义的创作手法的，尤其是带有"社会主义倾向性"的文艺作品。而在20世纪30年代，中

国左翼作家联盟(简称"左联")成立,中国社会科学家、戏剧家、美术家、教育家联盟(分别简称"社联""剧联""美联""教联")和电影、音乐小组等左翼文化团体也相继成立。这支左翼文化新军在党的领导下,积极从事马克思主义的宣传与革命文艺创作等活动,形成了一个很有声势和实力的文化运动。[1]因此,文艺育德从一开始便从实践的维度进入了人民大众的视野。比如,当时文化革命的主将鲁迅同党保持着密切联系,写了大量的杂文,无情地揭穿地主买办集团的媚外独裁的面目、可耻的不抵抗主义、残酷的文化"围剿",并且批评了当时的文化界存在的种种"左"的倾向。再比如,党对《生活》周刊主编邹韬奋的帮助,九一八事变后,邹韬奋在共产党员胡愈之等人的帮助下,很快走上了抗日救亡的道路,靠近了党,其言论在青年中产生了极其广泛的影响。而鲁迅、瞿秋白、茅盾、周扬等人的一些文章,分别在黎烈文主编的《申报》副刊《自由谈》、傅东华等主编的《文学》上发表。[2]左翼文化运动为中国近代思想发展作出了重要的历史贡献,传播了近代思想,更为重要的是锻炼出了一支坚强的革命文化队伍,这支队伍也成为党在思想理论界与文艺界的骨干力量。

中共中央在1942年5月召开延安文艺座谈会,毛泽东同志全面总结五四运动以来中国革命文艺运动的历史经验,深刻阐明和发展了马克思主义的文艺理论,为中国革命文艺的发展指明了正确方向。毛泽东强调,"为什么人的问题,是一个根本的问题,原则的问题"[3],"我们的文学艺术都是为人民大众的,首先是为工农兵的"[4]。在延安文艺座谈会以后,广大文艺工作者纷纷走向抗战前线,深入农村、部队、工厂,接触群众,体验生活,形成了解放区新文艺运动,创作了《白毛女》《兄妹开荒》《逼上梁山》《王贵与李香香》等一大批反映现实生活的群众喜闻乐见的优秀作品。这些作品体现出了人民需要文艺与文艺需要人民的辩证发展,为人民群众提供了那个时代所能提供的丰裕的精神文化资料,唤醒了劳苦大众的革命意识与抗争斗志。尤其是在革命战争年代,人民的公众意识与自我主

---

[1] 中共中央党史研究室.中国共产党的九十年:新民主主义革命时期[M].北京:中共党史出版社,2016:149.
[2] 中共中央党史研究室.中国共产党的九十年:新民主主义革命时期[M].北京:中共党史出版社,2016:149-150.
[3] 毛泽东.毛泽东选集:第三卷[M].2版.北京:人民出版社,1991:857.
[4] 毛泽东.毛泽东选集:第三卷[M].2版.北京:人民出版社,1991:863.

体意识会加强，人们会拥有更强的热爱祖国和集体的情感，这些作品也促进了人民道德素质的提升。正如陈毅曾深情地说过，淮海战役的胜利，是人民群众用小车推出来的。因此，这一时期的文艺育德的重要性不仅体现在对人民的道德素质、审美意识的提升上，更体现在挽救中华民族的危亡，保证社会继续向前发展与文明进步上。

党的十八大以来，以习近平同志为核心的党中央为马克思主义文艺育德思想体系注入了新鲜血液。笔者以社会主义文艺事业发展要满足人民的精神文化需求、为社会主义服务为着眼点，分析思想政治教育与文艺的关系，系统性地研究文艺育德，即深入梳理与归纳其生成脉络、内容体系、理论品格与时代意蕴。

（三）进一步厘清文艺与政治的关系，并为构建新的交叉学科做准备

从文艺角度看，很多人将中国受极"左"思想影响的时期的"思想政治教育"亦归于普遍意义上的思想政治教育，进而把特定时期和语境下的文艺和政治教育的关系普遍视为文艺和政治的常态关系，不顾语境和时代的变化而坚持这种理解，从而形成了对文艺的"绝对政治化"印象，这会给社会其他方面带来毁灭性的影响。另一方面，为摆脱"文艺从属于政治"抑或"文艺为政治服务"的极端观点，当下文艺领域存在矫枉过正的现象，即认为文艺是独立存在的领域，与政治无任何关系。而事实上，我国的文艺是在马克思主义文艺理论形态下发展的文艺，与思想政治教育具有千丝万缕的联系。研究文艺育德，并不是回溯到革命战争年代将文艺当作鼓舞人心、进行革命斗争的工具，而是直视文艺与政治的关系，发挥文艺的教育功能，使文艺朝着更加健康的方向发展，从而奉献出更多的、更好的精神食粮。人类生活的基础不是自然的安排，而是文化形成的形式和习惯。文化是人类生活的"样法"（梁漱溟语），以文艺为载体表现其内容、特征和规律等。有限的经典文艺作品在反思历史与反映当代的过程中预示未来，在促进人类文明发展的同时考量人类该迈向何处。文学艺术作品并非只是具有审美意蕴的、文人思想情感的表达形式，其同时也具有认

识功能与教育功能,并且饱含特定时代的哲学之思。当下,文艺与政治的关系逐渐得以厘清,在中国特色社会主义道路上,文艺事业的发展必须坚持党的领导,但是党的领导的前提是遵循文艺发展的规律,而不是变社会主义文艺事业为政治发展的"传话筒"。实际上,世界上也没有超阶级的文艺,正如马克思和恩格斯所言,"统治阶级的思想在每一时代都是占统治地位的思想",文艺的发展也超越不了特定历史时期的意识形态的范畴。在新时代,社会主义文艺的发展仍然要坚持"双百"方针与"二为"方向,研究者们也要进一步认识文艺和思想政治教育的关系,在新文艺育德论的理论建构中实现思想政治教育立德树人的根本任务。

三、文献综述

公元前5世纪左右,以"古希腊三贤"为代表的古希腊时期已产生了文艺育德思想的萌芽,但其认识仅停留在文艺能提升人的思想品质的层面上,并不清楚文艺何以育德以及文艺育德的实质为何。同时期,我国封建社会的德教传统亦已具备文艺育德雏形,如孔子强调"诗""乐"对追求"内圣外王"而成为贤人君子的重要意义。人类社会进入近现代时期以来,马克思、恩格斯运用马克思主义的实践唯物主义的哲学和美学的基本原理分析和考察文学艺术现象,突出艺术的实践性和阶级性。这一思想确立于《1844年经济学哲学手稿》时期,提出"劳动创造了美"[1],认为人的审美活动的本质是在他自己所创造的对象世界中直观到自己的,全面、自由的感受,还认为艺术是一种特殊的生产方式。到《〈政治经济学批判〉导言》时期,马克思提出了"物质生产的发展例如同艺术生产的不平衡关系"[2]、艺术生产与消费的关系等重要观点,这标志着马克思主义文艺育德思想的成熟,这一思想真正登上了人类社会文化发展的舞台,尤其是影响了社会主义意识形态中的文艺事业的发展,并使文艺育德与时俱进。

研究思想政治教育的文艺之维——文艺育德,即要尽可能多地了解研究学界和理论界关于文艺育德思想的研究成果,尤其要把直接以文艺育德为关键词的文章作为重点研究对象,并以此为主要研究脉络,同时比照国内国外的不同研究范式和研究现状,在已有的文献研究中探讨关于文艺育德以及马克思主义文艺育德思想研究的文章,以此寻找研究的突破点与价值所在。

---

[1]中共中央马克思恩格斯列宁斯大林著作编译局.马克思恩格斯全集:第四十二卷[M].北京:人民出版社,1979:93.
[2]中共中央马克思恩格斯列宁斯大林著作编译局.马克思恩格斯选集:第二卷[M].北京:人民出版社,1972:112.

(一)国内研究现状阐述

任何理论问题的产生必然源自对时代需要的积极回应,而理论的研究起点必定是其所处时代的知识分子积极尝试、开拓的结果。现有研究成果表明,沈壮海教授于2004年发表的《毛泽东文艺育德论探析》(《高校理论战线》)一文及2005年出版《思想政治教育的文化视野》(人民出版社出版)一书拉开了我国"文艺育德"的研究序幕。但是,值得探讨的是,文艺育德的实践活动在20世纪30年代就已经开始,经历了左翼文化运动。在1942年,毛泽东发表《在延安文艺座谈会上的讲话》(以下简称《讲话》),当时对这一讲话的研究主流认为延安时期的文学具有当时政党政治的实用性要求,亦即其宣传功能大于文学功能。同时,《讲话》更多地被认为是对政党文艺政策的解读。实际上,对于《讲话》的研究主流倾向呈现出这样的趋势,主要原因在于《讲话》本身在当时的中国实际中主要是起着一种服务社会发展和联结统一战线的作用。人们认为《讲话》充满了"政党政治"的意味,也是中国的国情使然——传统与现代性、后现代性交织叠加的中国社会呈现出时空压缩性的结构特征,需要"政党中心主义"来推动社会的转型与发展,以改变中国当时积贫积弱的落后面貌。因此,当时人们对于《讲话》的审美性维度的研究是相对缺乏的,但是这并不代表《讲话》不具有艺术审美性的内容。1980年汉学家杜博妮出版了毛泽东《讲话》的英译本,对其做了非政治化的处理而强调其作为文学理论的价值,这种几乎完全剥离当时政治对文艺事业的影响的研究亦失之偏颇。总之,对《讲话》的重要意义的探索还是要落脚到国内学者的诸多研究中。

在《讲话》发表前,文艺界产生了一系列脍炙人口、深得人民喜爱的文艺作品。如《红色娘子军》,该片鲜明的色彩、浓重的笔触、传奇的情节,主人公吴琼花勇敢、豪放的性格非常吸引人。有不少文艺作品反映劳动者从个人复仇到成长为自觉的无产阶级战士的成长历程,而同一主题的《红色娘子军》却不落俗套,主人公有自己的个性与特点。吴琼花一开始就给人留下了强烈的印象,而且后面她思想感情的变化、政治觉悟的提高、人物性格的发展,条理清楚、脉络分明。影片用简练的笔墨、富有特征性的镜头,解剖并丰富了主人公的精神面貌。同时,影片没有把复杂的生活简单化,而是根据真实的生活,去进行集中、提炼、概括,以个别去表现一般。影片采取了许多传奇式手法,却不是为了传奇而传奇,而是为了助推主题的揭示、情节的发展、性格的刻画。影片的整个色彩、情调、气氛,辣而浓,有着鲜明的南国风味。[①]

因此,《讲话》时期,在一定意义上已是对前期党的文艺育德活动的历史经验进行总结,并开始形成制度化建设机制的阶段。因而文艺育德活动并不是在延安文艺座谈会之后,才在中华大地上发展起来的。容易造成误判的原因主要在于:在革命战争年代,人民大众对物质文化的要求并不高,生命权与健康权才是首先被关注到的,而文艺活动的主要作用在于揭示现实社会的黑暗,鼓动、鼓励人民继续推翻压在身上的"大山"。现有的相关研究基本是从延安文艺座谈会开始的,而没有关注到在其之前的文艺育德实践活动。把视野重新拉回现有的相关理论研究成果,我们可以发现,针对"文艺育德"为主题的期刊论文陆陆续续出现在学界和理论界,但大部分以此为主题的期刊论文抑或学位论文的研究力度还远远不够,尤其是对文艺育德的系统性研究。

首先,学界与理论界惯常从经典著作的文本内容出发研究经典作家的文艺育德思想。在CNKI中以"文艺育德"为关键词进行检索,笔者共发现相关论文15篇(这是笔者研究时的数据,会与最新数据有所出入,以下同理),且这些论文多是从文本内容的维度出发展开研究。而一些学者进行了具有典型性的研究,从思想政治教育学的学理层面进行思考,试图挖掘马克思主义的文艺育德思想,如刘晓哲教授从《马克思恩格斯选集》《马克思恩格斯文集》以及《列宁选集》等系列著作出发,展开对马克思、恩格斯、列宁等早期马克思主义理论的创立者及践行者的文艺育德思想的研究[②];丁科、秦祖富从《毛泽东选集》这一经典文本出发,主要着眼于毛泽东《在延安文艺座谈会上的讲话》等内容,研究了毛泽东的文艺育德思想[③];王东维等人则是根据周恩来的主要著作和相关重要文献详细梳理、研究了周恩来的文艺育德思想[④]。综上,这些研究成果的相通之处在于立足思

---

① 谢晋,梁信,祝希娟,等.红色娘子军——从剧本到影片[M].北京:中国电影出版社,1962:431-435.
② 刘晓哲.马克思主义"文艺育德"思想及其意义[J].马克思主义研究,2013(10):114-115.
③ 丁科,秦祖富.论毛泽东文艺育德思想[J].毛泽东思想研究,2011,28(2):44-45.
④ 王东维,李博.论周恩来文艺育德思想[J].淮阴师范学院学报(哲学社会科学版),2017,39(2):146.

想政治教育的视野,通过对马克思主义经典作家的著作的分析来研究文艺,主要是研究文学作品的思想政治教育功能;且这些研究体现出一定的继承性和纵深梳理的特征。

其次,研究者试图从艺术作品的社会功能和思想政治教育理念、目标的契合性中探究其如何助力于思想政治教育实效性的提升。选择与"文艺育德"相近的关键词,如"思想政治教育""文艺"等(详见表2),进行一些年份的检索,笔者进一步探究了文艺育德何以具体到实践中,即具体到思想政治教育的现实活动之中。在这里需要说明的是,进行这一检索一方面是因为在理论界和学界的现有研究中直接以"文艺育德"为关键词的研究成果较少,但这不代表除此以外便不存在文艺与思想政治教育关系问题的研究;另一方面是因为,已有的诸多研究,实际上就是文学的思想政治教育功能的研究。(而姚迎春撰写的《思想政治教育的文艺载体研究》一书,则是从思想政治教育的载体的维度研究文学及其以外的艺术形式的思想政治教育价值,但这不在CNKI的检索范围之内,故在此特别说明。)

表2 "文艺育德"相关研究热词分布频率

频次	中心度	年份	热词
18	1.12	2013	文艺育德
6	0.06	2013	思想政治教育
7	0.19	2017	习近平
3	0	2019	新时代
3	0.32	2017	文艺
3	0.66	2017	高校
3	0.19	2018	德育
2	0.1	2020	延安时期
2	0.2	2017	育德
2	0.09	2019	实效性
2	0	2021	文艺观
2	0.05	2019	真善美
1	0	2022	生活叙事
1	0	2020	中国梦
1	0	2023	高等学校
1	0	2018	理论渊源
1	0.07	2018	文艺作品

续表

频次	中心度	年份	热词
1	0	2022	价值逻辑
1	0	2017	实施路径
1	0	2021	经验总结
1	0	2017	功能
1	0	2020	方法
1	0	2021	网络文艺
1	0	2018	渠道
1	0	2022	理论逻辑
1	0	2021	同向同行
1	0	2020	价值引领
1	0	2020	教育阵地
1	0	2022	实践逻辑
1	0	2021	改革开放
1	0	2023	大思政课
1	0	2016	文艺座谈
1	0	2023	艺术思政
1	0	2021	研究现状
1	0	2023	以文化人
1	0	2013	意识形态
1	0	2021	理论武装
1	0	2019	文艺思想

而在CNKI中以"文艺育德"为主题词进行检索,笔者共发现相关文献43篇,其中包括学术期刊论文、学位论文以及报纸等。与此同时,通过表1可以发现,文艺育德的相关研究主要集中在马克思主义理论学科,再具体一点,则是集中于思想政治教育专业。已有的相关文献大都从以下维度对文艺育德话题进行探索与讨论。如田维武从"文学经典阅读"的视角研究文学作品的思想政治教育功能[1];陈启亮、庄辉从"军事文学"这一文学类别出发,研究军事文学作品的思想政治教育功能[2];周丽则是从"网络文学"这一新型文学形式着眼,研究网络文学与大学生思想政治教育之间的关系[3];崔士祥从"影视艺术"这一艺术形式出发,来研究文艺与思想政

---

[1] 田维武.文学经典阅读及其思想教育功能[J].文学教育(下),2010(8):117.
[2] 陈启亮,庄辉.军事文学的思想政治教育功能探讨[J].中国商界(下半月),2010(9):389.
[3] 周丽.论网络文学与大学生思想政治教育[D].南京:南京林业大学,2011.

治教育之间的关系①;储云峰以"红色歌曲"为例,研究音乐这一艺术形式与思想政治教育之间的关系②。此外,杜昱玮亦从红色歌曲的视角出发,研究相关音乐作品的思想政治教育功能③。综上所述,在学界和理论界中,关注"文艺育德""思想政治教育""文艺"等论题的学者,从各自的研究喜好出发,探讨了各类艺术作品的思想政治教育功能。

再次,研究者从走向学科间性的理论层面进行关于文艺育德的研究。"文艺育德"研究涉及多个学科,具体而言,其从具体的学科视角出发,立足我国思想政治教育发展现状,分析文艺学、科技美学、文艺政治学等学科与思想政治教育学的关系;着重强调思想政治教育要立足现实发展困境,借力其他学科的发展成果和研究方法,形成思想政治教育研究的新范式,以此促使思想政治教育学科与时俱进、创新发展。如葛朗从文艺学与思想政治教育的维度④,戴钢书、朱强从文艺与科技美学的维度⑤,曹培强、王福全从文艺政治学与思想政治教育的维度⑥,都明确地尝试以跨学科的视角打破学科封闭现象,力求克服学科封闭弊端,走向学科间性,在进行理论分析的同时指出实践路径。但其研究都还有待深入,需要强化对相关学科的基础理论、研究成果以及研究方法的运用。

在研究"文艺育德"这一主题的研究者中,刘晓哲教授对文艺育德的研究提出了许多建设性建议,其《马克思主义"文艺育德"思想及其意义》(2013,《马克思主义研究》)一文,继沈壮海《毛泽东文艺育德论探析》及《思想政治教育的文化视野》中的相关文艺育德思想论述之后,更为深入地展开了研究。首先将"文艺育德"思想界定为利用文学艺术进行思想政治教育的思想;其次,对文艺育德进行价值定位,指出"文艺育德"思想是马克思主义基本理论的重要组成部分,在马克思主义中国化的过程中,"文艺育德"思想也得到不断的丰富和发展,这体现了马克思主义理论发展既一脉相承又与时俱进的特点。因此,刘晓哲教授认为,"准确把握'文

---

① 崔士祥.论影视艺术与思想政治教育的融合传播[J].电影评介,2018(4):75.
② 储云峰.红色歌曲及其思想政治教育功能[D].武汉:华中师范大学,2016.
③ 杜昱玮.红色歌曲在高校思想政治教育中的作用探究[D].长春:吉林大学,2019.
④ 葛朗.创新德育工作 夯实育人基础——艺术院校大学生德育方法和途径的新探索[J].艺术教育,2007(8):14.
⑤ 戴钢书,朱强.论思想政治理论课教学与文艺、科技的融合[J].学校党建与思想教育,2013(1):61-62.
⑥ 曹培强,王福全.文艺政治学对高校思想政治理论课教学创新的启示[J].思想政治课研究,2017(4):22-23.

艺育德'思想的科学内涵和精神实质，既可以丰富和发展中国化的马克思主义文艺学理论，也可以为新兴的思想政治教育学科提供丰富的理论基础。当前,'文艺育德'思想对于积极培育和践行社会主义核心价值观,在新形势下用马克思主义一元化指导思想引领多元化社会思潮,具有重要的指导意义"[1]。刘晓哲教授亦是在这篇文章中开了直接进行马克思主义文艺育德思想研究的先河。这篇文章虽着重研究了文学作品的文艺育德功能,但也为学界研究文学作品以外的文艺形式的思想政治教育功能打开了一扇理论视窗,具有一定的引领性和启发性。截至2020年3月,关于该论题的博士论文的数量为0篇,造成这一现象的原因并非在于"文艺育德"是一个假命题,抑或研究价值不高,实际上其主要是因为在学界的很多学者在文化取向或人学取向上研究思想政治教育时,其理论基底是文化育人,而文艺作为文化赓续的重要载体,其功能必然被笼统地纳入以文化人的系统中。这就是说,一方面,文艺育德的研究实际上已经被包含在中国关于文化取向,抑或说针对思想政治教育文化研究范式的研究的成果中。另一方面,则是因为文艺育德作为以文化人的题中应有之义,在很多情况下,陷入了一种"熟知而非真知"的境遇中。在这种意识的影响下,关于这一议题的硕士论文的数量为12篇,如李博的《当前高校文艺育德中存在的问题及对策研究》[2]、仇珊珊的《毛泽东文艺育德思想研究》[3]、李镇的《习近平文艺观及其思想政治教育价值研究》[4]、黄晶晶的《习近平关于文艺育德的重要论述研究》[5]等。这些文章论述了马克思与恩格斯的文艺育德思想,以及中国共产党的文艺育德思想等,但尚未形成体系化的认识,而是以特定时期为研究重点。

作如是观,在一定意义上,"文艺育德"议题在硕博学位论文中的研究现状表征了当前社会发展中文艺之于人的发展的作用。社会越发展,就越需要文艺,而实际中文艺呈现出"供给不足"的现象,这个矛盾成为个体精神文明虚无的重要原因。尤其因文艺创作在市场经济导向下对精神产

---

[1]刘晓哲.马克思主义"文艺育德"思想及其意义[J].马克思主义研究,2013(10):114.
[2]李博.当前高校文艺育德中存在的问题及对策研究[D].延安:延安大学,2017.
[3]仇珊珊.毛泽东文艺育德思想研究[D].湘潭:湖南科技大学,2017.
[4]李镇.习近平文艺观及其思想政治教育价值研究[D].南昌:江西农业大学,2019.
[5]黄晶晶.习近平关于文艺育德的重要论述研究[D].重庆:西南大学,2019.

生了一定程度的扭曲,单纯的"非生产性质"的文艺作品的缺位,加上背离人民真正精神需求的作品的"百家争鸣",加剧了个体精神的虚无化,整个社会氛围浮躁、利己主义盛行。因为精神无处安放,个体心理承受了社会转型过程中发展重压下的多重痛苦,由此,这在大环境中消弭了学校思想政治教育的效能。

为更加清晰地开展文艺育德研究,笔者搜索了国内发表的"文艺育德"相关关键词的期刊文章与学位论文,利用CiteSpace绘制图谱,得到有关的论文关键词关系知识谱系(图4)。

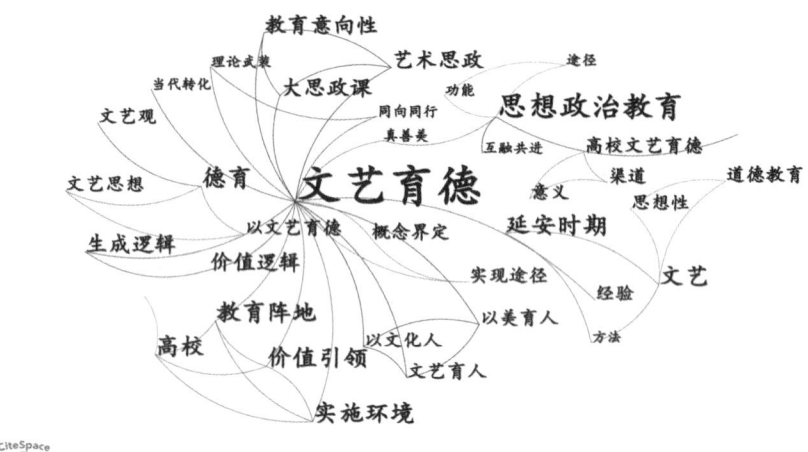

图4 "文艺育德"研究热点知识图谱(国内)

由此,我们可以看出关于"文艺育德"主题的研究情况,学界和理论界大都将眼光停留在党内的文艺育德实践活动上,且主要是集中于对学校(主要是高校)文艺育德的研究,而多忽视对社会中存在的普遍的文艺育德现象的分析和研究,以及对家庭教育与教化中某些文艺育德现象的研究。本书就这一问题将会在第二章文艺育德的存在样态中进行具体翔实的阐述,研究不同的文艺育德样态如何共同构成社会主义文艺育德的理论与实践,并在中国特色社会主义道路上与时俱进,不断推进思想政治教育学科建设与完善,提升思想政治教育的实效性,促进人的自由全面发展。

(二)国外研究现状阐述

因国家性质不同,国外的"意识形态教育"抑或"道德教育"等在一定意义上等同于我国的思想政治教育。为此,笔者以"literature and ideology"(文学和意识形态)为主题词在 Web of Science 的核心合集数据库中搜索相关学术论文,查阅到的资料中并没有直接论述"literature and ideology"两者之间关系的文章。质言之,利用文艺进行意识形态教育或道德教育,国外的研究有所涉及,但系统地论述文艺和道德、意识形态教育的著作仍极为有限(这一结论不排除所查阅资料内容的有限性导致分析不够全面的可能)。同时,笔者经过查阅关于"文艺"(literature and art)与"道德"(moral)的研究资料,发现国外的研究情况大致如下:

肖恩·罗斯等人在"Releasing the Social Imagination: Art, the Aesthetic Experience, and Citizenship in Education"一文中,探讨了利用审美经验来使学生提高民主价值观(包括多种观点,如自由和责任感)的意识的可能性。研究参与者通过"initiated a social imagination project"以及艺术与主体之间的积极参与,挑战了关于自我/他人、文化和社区的习惯性思维方式,最终得出艺术强调审美经验有助于在多元化社会中推进民主价值观建设的结论。[1]马修·桑格和理查德·奥斯古索普在"Making sense of approaches to moral education"一文中指出,针对道德教育的方法,人们"通常使用简单的二进制分类方案分析此类方法,例如,在本质上将其分为'间接'('indirect')或'直接'('direct')两类"。[2]但是并未在"间接"的道德教育方法研究中指出人们可以通过文学作品对人的道德因素产生作用,这不同于国内学者。有的学者也在道德教育的"直接"方法的维度进行研究,如大卫·科普,提到了人们在面对道德的内容和合理性的争议时对灌输的担忧,以及德育形式与强行灌输的问题[3]。综上所述,针对"文艺"(litera-

---

[1] MOON S, ROSE S, BLACK A, et al. Releasing the Social Imagination: Art, the Aesthetic Experience, and Citizenship in Education[J]. Creative Education, 2013, 4(3):223.
[2] SANGER M, OSGUTHORPE R. Making Sense of Approaches to Moral Education[J/OL]. Journal of Moral Education, 2005, 34(1): 57 [2020-02-01]. https://www.tandfonline.com/doi/full/10.1080/03057240500049323. DOI:10.1080/03057240500049323.
[3] COPP D. Moral Education Versus Indoctrination[J]. Theory and Research in Education, 2016, 14(2):149-150.

ture and art)与"道德"(moral),国外的研究大致是从两者的关系[1]、作用[2]等方面进行论述的。

总而言之,笔者在这一文献研究过程中,并未发现以"literary and artistic morality"为主题的文章。(当然,鉴于文献查找范围有限,亦不可以绝对肯定的态度认为完全不存在这一论题的研究。)

---

[1] HEGGE M.Literature and Art as a Prologue for Moral Energy[J].Nursing Science Quarterly,2008,21(4):306-309.
[2] CARR D.On the Contribution of Literature and the Arts to the Educational Cultivation of Moral Virtue,Feeling and Emotion[J].Journal of Moral Education,2005,34(2):137-151.

四、简要述评

"一切划时代的体系的真正的内容都是由于产生这些体系的那个时期的需要而形成起来的。"[①]文艺育德在人类社会发展史中,经过古希腊文明的孕育,真正形成于马克思、恩格斯时期,发展于列宁时期,逐步成为社会主义国家无产阶级政党进行思想政治教育的有力"武器"。在我国,自20世纪30年代"文总"成立以来,文艺育德开始发展起来,例如,抗日战争时期,铁流社成为"晋察冀诗歌战线的一支轻骑兵"[②],再如,"《新华日报》在抗日战争时期和代表大地主大资产阶级的国民党反动派在新闻宣传战线进行了广泛的各种形式的斗争,文艺斗争就是一个重要的方面"[③]。1937年卢沟桥事变爆发后,当时作为我党领导的左翼文艺运动中心地的上海,发生了巨大的变化。"左联"自行解散,"国防文学"与"民族革命战争的大众文学"的口号论争停息,左翼作家丁玲、艾青、田间、周扬等纷纷投奔抗日民主根据地,郭沫若、茅盾、田汉、夏衍、阳翰笙等先后撤离上海,辗转到重庆、桂林以及香港等地,以笔作枪,积极从事革命文学艺术活动,成为这一时期宣传党的抗日救亡主张的中坚力量。[④]而一些文艺副刊对当时统一战线的凝聚起到了重要的作用。而以延安文艺座谈会为重要转折点与重大节点,学界和理论界掀起了对延安文艺座谈会的讲话精神的学习,在此过程中开始重视"文艺的思想政治教育功能"并展开了各个维度的研究。1984年,思想政治教育由党的一项重要活动转变为学科后,开始向着精细化、系统化方向发展。这一时期,有些学者便注意到了高校报刊的文艺副刊对大学生思想政治教育的作用与影响。[⑤]亦有学者指出具有"新、全、

[①]中共中央马克思恩格斯列宁斯大林著作编译局.马克思恩格斯全集:第三卷[M].北京:人民出版社,1960:544.
[②]丹辉.晋察冀诗歌战线的一支轻骑兵——记抗日战争时期的铁流社[J].新文学史料,1981(4):192.
[③]徐光霄."新华副刊"在文艺战线的斗争[J].新闻研究资料,1982(3):62.
[④]祝均宙.匕首·投枪·堡垒——上海"孤岛"时期的报纸文艺副刊[J].新闻研究资料,1986(2):75.
[⑤]胡乃武.高校校报文艺副刊浅探[J].湘潭师范学院·社会科学学报,1988(2):64-66.

美"特征的学校校报文艺副刊,其美学思想对校园文艺的发展。[1]随后对这一相关主题的研究的范围开始拓展,进入到思想政治教育载体构成的基本要素层面中,如文艺活动、红歌、主旋律电影等对思想政治教育的影响。

沈壮海教授的《毛泽东文艺育德论探析》一文首次尝试在理论层面界定文艺与思想政治教育的关系,并将"文艺育德"一词纳入思想政治教育的学科术语中。但学界并未由此掀起研究热潮,直至刘晓哲教授发表了《试论研究文学的思想政治教育功能的必要性和可能性——两种学科视阈下的文学功能比较》(《思想理论教育导刊》,2007)一文,才厘清了深入研究文艺育德的逻辑关系。党的十七届六中全会强调"社会主义文艺大发展大繁荣",而相关文艺政策的颁布真正拉开了学界对"文艺育德"思想的研究序幕。在新时代,习近平承续马克思主义中国化进程中的文艺育德思想,结合当前中国现实需要,使文艺育德增添了新的时代内涵,体现出了新的鲜明特征。正如习近平在文艺工作座谈会上的讲话为文艺与思想政治教育研究提供了新起点,习近平关于文艺育德的重要论述也毫无疑问地开辟了马克思主义文艺育德思想的新境界。这既是推动当前思想政治教育创新发展的行动指南,又是提升我国思想政治教育实效性的重要理论武器。目前学界对"文艺育德"思想已有一定的研究,也已取得一系列相关研究成果,这有助于我们进一步厘清"文艺育德"思想研究中的不足,对文艺育德进行全面、深入、系统性的研究与把握。

(一)研究内容仍需进一步深化和拓展

通过学术史梳理,笔者发现自2016年以来,关于"文艺育德"论题的研究在不断增加,出现了多篇相关的学位论文以及学术专著,这为文艺育德论的研究奠定了良好的理论基础。但不得不承认的是,现有的部分研究成果本身缺乏深度和广度,一些研究者只是在领导人经典著作的文本基础上展开研究。从现有的论文与著作中,笔者发现,有些论据中提供的历史资料不够翔实,只是基于只言片语的"重点突击",甚至出现了"为赋新词强说愁"的现象——研究者把自己的观点与想法强加在别人身上,造

---

[1] 吴元成.校报文艺副刊的美学思考[J].新闻爱好者,1991(1):37.

成研究的观点片面化与充满主观臆断。同时,研究视角的单一和片面也导致研究不够深入和全面。一是在学界和理论界关于文艺育德的研究中,"文艺"多是特指文学这一艺术形式,因此实际上许多研究者研究的是"文学的思想政治教育功能"。而在此之上便出现了对其他形式的艺术如何发挥思想政治教育功能、提升人的道德素养的研究。二是研究多集中于党的"文艺育德",对马克思主义文艺理论视域中的党外文艺育德实践活动的研究实为罕见。实际上,中国近现代历史发展的轨迹已表明,知识分子往往发挥着十分重要的作用,甚至在一定意义上是关键性的作用,他们并不都是共产党员,但是其实践中的确存在文艺育德的现象,尤其是在文艺工作者的实践中。因此,除了党的"文艺育德"以外,我们应对人类文明发展进程中的其他的"文艺育德"展开研究,尤其是要发现中华优秀传统文化中的"文艺育德",挖掘其当代价值。在人类文明的交流互鉴逐渐取代文明的冲突的今天,我们亦应积极关注其他民族、国家和地区的文艺育德现象,尤其是要关注到其中关于人类"共同的道德"的因素对人类文明的发展的影响。换言之,研究者在文艺育德研究中,不能忽视对"他山之石"的研究,而应考证其具体的存在样态,探究其以何种形态存在于人类文明的历史长河中的问题。这就是虽然思想政治教育具有源远流长的发展历史但要着重关注当前发展的实际,虽然思想政治教育植根于中国实际却要关注人类社会发展的主要原因。为此,我们应彻底地梳理"文艺育德"的历史源流,同时翻阅国外关于意识形态与文艺或道德教育与文艺之间关系的研究范式的资料,由此对"文艺育德"展开更加深入的研究。

(二)研究方法可进一步丰富与改进

学科的不同决定了研究方法的不同。但在把握学科边界的基础上,学科间基础理论的借鉴与融合是学科发展的必然趋势,因此,特定的方法不再局限于特定学科的研究。同时,因中西方国家性质的不同,"思想政治教育"这一术语在国外有不同的概念表述,如"公民教育""意识形态教育""道德教育"等。西方学者提出了不同于我国思想政治教育的方式、方法和理念,但国内很少有学者从道德哲学的视角出发,抛开意识形态的差异去理解、去观察意识形态问题与人本身之间的关系,这也直接导致很少有学者对此展开比较研究。同时,由于学科专业的局限性,学界也很少有学者运用文献计量分析软件进行定量分析,并展开研究。但事实上无论中西方文化的差异有多大,无论学科之间的知识鸿沟有多深,归根结底,即便是不同的意识形态,也仍旧存在许多共同的文化符号,如人类关于自身发展的共同价值理念(不同于西方国家提出的所谓的"普世价值")、人作为人的共通性问题等。不同于其他学科的研究对象,思想政治教育的对象是现实存在的人。所以,运用比较分析法、计量统计的方法,均是合乎规律的体现。质言之,对于思想政治教育的现实困境,抑或说实效性不高的问题,事实上最大的症结依旧在于现有的跨学科研究没有完全打破学科间性的束缚,大多只停留在表面,流于形式,没有建立能真正实现学科间的融合或者交叉的研究范式。因此,在对文艺育德展开研究的过程中运用比较分析法、计量统计的方法,以及进行打破学科封闭状态的跨学科研究,均是合乎规律的重要体现。

(三)研究视角有待进一步转换与创新

"文艺育德"研究实际上是在文化育人的视角下,深入挖掘思想政治教育文化向度上的学科建设与创新发展问题的研究,旨在提升思想政治教育的亲和力和感染力,体现人性关怀,提升思想政治教育的实效性,实现立德树人的根本任务。但目前很多学者拘泥于已有的研究视角和研究范式,跨学科研究经常流于形式,或为形式而形式。如何才能做到如20世纪史学中的法国年鉴学派那样的跨学科的研究——打破传统史学的学科界限,实现史学的全面开放和交流,确立总体史的研究思路。一破一立,前者是后者的前提条件,这样才能推进学科的发展。

但是,在思想政治教育的现存的跨学科研究中,已有的部分研究成果无法彻底打破学科间性的束缚,这也是导致重复性研究过多、创新性研究缺乏的问题的重要原因之一。因此,如何有效地打破思想政治教育研究中的学科封闭现象,克服因过于强调学科制度化、专业化而产生的学科闭守弊端,是推进和深化思想政治教育研究所面临的重要问题。而文艺育德论的研究就是要着力于克服学科封闭弊端,找到思想政治教育学与文艺学,甚至美学等学科之间的契合点和相通点,走向学科间性。

五、概念界定、研究思路和重难点

（一）概念界定

"文学"和"艺术"这两个概念之间存在两种关系。第一种是"艺术"包括"文学"，"文学"是"艺术"的一种形式或一个门类；第二种是"文学"和"艺术"并列，"艺术"特指"文学"以外的诸如音乐、绘画、雕塑、建筑等其他形式。由此，对于"文学艺术"（简称"文艺"）这个概念，就出现了两种不同的理解。一种是将"文学艺术"理解为一个偏正结构的词组，意思是"文学这种艺术形式"。另一种是将"文学艺术"理解为一个并列结构的词组，意思是"文学加艺术"。

近现代艺术理论对艺术的分类主要是基于艺术形象的存在方式、艺术形象的审美方式、艺术作品的内容特征、艺术作品的物化形式、艺术的美学原则等。以艺术形象的存在方式为依据，我们将艺术区分为时间艺术（音乐、文学）、空间艺术（雕塑、绘画）和时空艺术（戏剧、影视）。以中华优秀传统文化产生的根脉、嬗变的样态为重要依据，我们发现在很长的一段历史时期内（尤其是在奴隶制社会和封建社会时期），中华文化中"文"与"乐"的发展相伴相生。基于这一根源，本书采用上述的时间、空间、时空的分类方法。但需要注意的是，在以"时间"为脉络的艺术形式的构成中，本书主要从文学的维度去探讨育德现象。

本书中将按一定的脉络去穷尽和梳理文学育德以及各类艺术形式育德（合而称为文艺育德）理论。因此，本书不同于已有的关于文艺育德的研究成果——着重研究文学的思想政治教育功能的问题，而是根据各类文艺载体及其特定研究方式，尽可能囊括除文学以外的，其他艺术形式的思想政治教育功能何以呈现的问题。在此，我们需要讨论一个研究范式与视域的问题,针对研究思想政治教育的传统研究范式,若是将其中的人学研究范式视为以时间为脉络的文化取向的研究范式,将社会哲学研究范式视为以公共空间为维度的空间取向的研究范式,则随着思想政治教育学科的发展,在范式融合与创新的必然性要求下,当代中国的文学研究中出现了"终结论""取代论""过时论""边界论"等新的问题,而类似危机和问题的出现使得研究者不得不反思文学的研究范式问题,那么文艺育德的研究范式问题则亦已成为时代的研究目标。本书首次尝试破除以往的以文学这一时间艺术为对象的文艺育德时间观研究范式,以期在新的文艺育德时空观研究范式的指导下研究文艺育德。这也就切合了思想政治教育研究范式发展的实际。

时运交移,质文代变。文艺的内容和形式都随着社会历史的变化而变化,但任何时代的文艺,作为一种反映社会存在的社会意识,均烙印着一定的意识形态性和审美特性,能够满足人们的审美需求。例如,"作为社会审美意识形态的文学,它不独反映一定社会的政治和经济所制约的现实生活,而且它也是丰富文化信息的载体,表现特定时代人们的精神状态"[1]。我国文艺历来重视思想性与民族精神的呈现,不仅能满足人们的审美需要,更能提高人的精神境界,使其成为特定时代的社会发展需要的合格的人。这与当前思想政治教育的根本任务相一致,因此充分利用文艺作品的思想政治教育功能,能够助力思想政治教育的根本任务和目标的实现,提升思想政治教育的有效性和实现思想政治教育的纵深综合发展。

本书的"育德"指思想政治教育。而思想政治教育是指教育者按照一定社会或阶级的要求,有目的、有计划、有组织地对受教育者施加系统的影响,把一定的社会思想和道德转化为个体的思想意识和道德品质的教育。[2]其中包括思想教育、政治教育、道德教育和心理健康教育等。与思想政治教育比较接近但又不能完全等同的一个概念是"德育",这两个概念的差别体现在:一是德育一般指学校范围内的思想政治教育,与智、体、美、劳诸育相并列;二是德育也经常被理解为思想政治教育中的道德教

---

[1] 张炯.论马克思主义与文学[M].北京:中国社会科学出版社,2013:260.
[2] 《思想政治教育学原理》编写组.思想政治教育学原理[M].2版.北京:高等教育出版社,2018:3.

育。近年来,学术界提出了"大德育"的概念,意在沟通学校德育和社会性思想政治教育,同时也强调道德教育与思想政治教育在内容体系诸方面的相互关系。本书中的核心范畴"文艺育德"之"德"乃是指大德育,也就是思想政治教育,且侧重于思想政治教育中关于道德教育的研究。

关于"文艺育德"这一概念。沈壮海教授在论述"毛泽东利用文艺对群众进行思想政治教育"时,较早提出了"文艺育德"的概念。他认为:"将文艺作品纳入思想政治教育的载体系统,借助文艺工作的形式,发挥文艺感召、教育、引导、激励人的作用,帮助人民群众形成革命发展所需要的认识、情感和斗志,即以文艺育德,便是毛泽东思想政治教育方法论体系中的一个重要层面。"[①]亦有学者认为,"所谓文艺育德,是指思想政治教育工作者将文化艺术纳入思想政治教育载体系统,运用文艺工作的特殊形式,发挥文艺的导向、感召、激励和教育作用,使人们形成思想政治教育所需要的认知、情感、信念和行为"[②]。刘晓哲教授在《马克思主义文艺育德思想研究》一书中将"文艺育德"界定为"利用文学艺术进行思想政治教育"或"文学艺术的思想政治教育功能"[③]。何小勇老师在《中国共产党的文艺育德思想与实践研究》中,沿用了沈壮海教授对"文艺育德"一词的界定,但补充指出,"文艺在'文艺育德'中不仅仅是思想政治教育的载体,也是包含方法在内的特殊的思想政治教育形式"[④]。综上,笔者认为,文艺育德是指思想政治教育工作者利用蕴含特定时代精神的优秀文艺作品,借助隐性教育的感化、教化等方式对受教育者施加潜移默化的系统性影响,提升受教育者的政治、思想、道德和心理素质,使受教育者的社会价值和个体价值有机统一的社会行为。

(二)研究思路

一方面,本书在明确选题的研究背景、研究目的和研究意义以后,立足思想政治教育基本原理,将文艺学、传播学、美学等相关学科的基本原理和基本理论作为其理论依据,从现实基础、思想基础、历史基础和文化

[①]沈壮海.思想政治教育的文化视野[M].北京:人民出版社,2005:161.
[②]王景云.文化安全视域下思想政治教育文化载体建设研究[M].北京:人民出版社,2014:140.
[③]刘晓哲.马克思主义文艺育德思想研究[M].北京:人民出版社,2016:12.
[④]何小勇.中国共产党的文艺育德思想与实践研究[M].广州:暨南大学出版社,2016:14.

基础四重逻辑层面展开对文艺育德的生成逻辑的研究,进而根据"文艺何以育德""文艺育什么德""文艺怎样育德""文艺育德实现的保障"的逻辑主线对文艺育德的内容体系进行剖析,最终落脚在时代意蕴上——习近平关于文艺育德的重要论述是马克思主义文艺育德思想最新成果的"新"的体现。另一方面,本书从这一思想中汲取重要的方法论经验,为新时代思想政治教育的发展提供方法论指导,从而提升思想政治教育的实效性,推动思想政治教育学完成培育担当民族复兴大任的时代新人的时代使命。本书除绪论部分以外,大体分为九章:

第一章:探讨将文艺学与思想政治教育学相结合进行研究的可能性,从文艺的本质与特性,以及文艺育德功能的生成与表现形式中,发现马克思主义文艺理论与思想政治教育的契合性。思想政治教育追求人的全面发展,马克思主义文艺的宗旨亦在于追求人的全面发展,实现人性的完满,倡导"人文关怀",即"对人的生存状况、生命意义和人的价值、尊严、权利的关怀,是对人类的解放和自由的追求等,其出发点和归宿是人的幸福生活和美好未来。作为一种思想态度和价值取向,人文关怀致力于人性要素的优化、人生意义的高扬、人格境界的提升,以促进人的自由、和谐、全面发展"[1]。质言之,研究一方面在审美之维展开,在审美视域中从审美的视角去审视思想政治教育活动,另一方面在思想政治教育之维展开,在思想政治教育视域中审视文艺活动。该章将在这一双向互动的研究中厘清文艺育德的基本含义,与此同时,厘清文艺育德的独特价值。第二章:对文艺育德的存在样态的分类与分析。按照近现代艺术理论的分类,笔者首先将文艺育德分为时间性文艺育德、空间性文艺育德、时空性文艺育德,其次按照传统教育的三位一体的结构,将文艺育德划分为学校文艺育德、社会文艺育德和家庭文艺育德。第三章:对文艺与思想政治教育的历史考察,即研究文艺与思想政治教育两者的关系问题,探索文艺育德的生成逻辑。从中国古代关于文艺的意识形态教育的功能到中国近代关于文艺育德的思想,该章有所涉及,但着重探讨马克思主义文艺育德思想及其在中国化的历程中的发展,并提供充分翔实的历史资料来论证提出的观点。第四章:讨论文艺育德思想的中西互鉴,分析西方世界各个历史时期

---

[1] 熊建生.思想政治教育内容结构论[M].北京:中国社会科学出版社,2012:303-304.

的文学作品与人类个体道德之间的关系问题。首先从西方的文明摇篮古希腊时期开始梳理,尤其是"古希腊三贤"的哲学思想中蕴含的对文学作品功能的论述。其次,分析中世纪时期,在文学成为神学的"婢女"的情况下,文学在这一黑暗发展时期是如何唤醒人类的精神的。并且重点分析中世纪之后,文艺复兴时期的主要代表文学作品中蕴含的文艺育德思想在当时的历史价值,以及对今天的启示。最后,分析近现代资产阶级的文艺育德思想,探讨近现代资产阶级如何通过文艺的手段影响本国国民的道德素养。第五章:文艺育德思想的时代发展。该章主要分析党的十八大以来,以习近平同志为核心的党中央提出的关于文艺育德的重要论述,以及新时代党外的文艺育德思想的发展,阐述新时代文艺育德的主要内容体系、特征、发展动力等。第六章:文艺育德思想的内容体系。该章立足于在基本国情与时代要求的基础上产生的各个时期的文艺育德,从传统、中外、时代的角度分析、综合出相通与相同的元素,并立足当下对其进行分析。第七章:文艺育德思想的实践要素。该章首先从文艺育德的队伍和目的的角度展开研究,然后在此基础上研究文艺育德队伍需要通过什么样的方式方法对教育对象产生教育影响——主要通过现象世界里的"教化"生活世界里的、"浸化"、形象世界里的"示化"、心理世界里的"感化"和意义世界里的"悟化"来实现教育目的。要完成这一过程需要紧紧依靠广大文艺工作者,尊重和遵循文艺规律,并把握好新时代的文艺批评尺度。第八章:文艺育德思想的运行机制。该章首先研究文艺育德实践活动的主要原则,即以文化人与化人之文、一元主导与包容多样、教育与自我教育结合的原则;在此基础上根据劝服性传播的基本规律——从传者的条件、内容的构成、受者的特性和劝服的结果四个维度探究文艺育德运行规律;最后研究文艺育德实践活动的过程特征。第九章:文艺育德的时代意蕴。该章首先进一步论证交叉学科研究的时代必然性,以及文艺育德对新时代思想政治教育实效性的提升的问题,从教育者、教育对象、教育方法、教育载体以及教育环境等各个方面分析文艺育德对思想政治教育的方法、载体与文化环境的影响。

(三)研究重难点

1.研究重点。文艺育德论的根本目的不是建构一个完美的哲学思辨式的体系,而是解决实际存在的思想政治教育实效性提升的问题。因此对文艺育德的内容架构进行分析和在此基础上对文艺育德的时代特征和"新"在何处进行分析,即提炼指导当下文艺育德发展的"总纲"便成为研究的重点。而研究清楚这一问题的前提即是要分清纯粹的文艺理论与文艺育德之间的关系,不能混淆这两个概念。

2.研究难点。本书涉及的第一个难点是关于文艺育德功能的生成的问题,要解决这个问题需要阅读大量的关于文艺理论的著作,并且需要同时就一些具体的文学作品的社会功能展开研究,由此使理论实现从特殊性到普遍性的转变,具有更强的说服力。第二个难点是关于文艺育德的运行机制的研究,要认识这个问题需要在前期研究的基础上对文艺育德规律性与本质性进行思考,并且需与思想政治教育整体贯通、融合。第三个难点是文艺育德的时代意蕴问题,即最后的落脚问题,要认识这个问题需要指出文艺育德的实践功能以及理论价值,必须遵循实事求是的原则。

六、研究方法与创新点

(一)研究方法

研究的内容决定了研究的方法。本书涉及文艺学、思想政治教育学、教育学、美学、伦理学等诸多领域。因此,引进相关学科的理论与研究方法很有必要。而其中对思想政治教育理论与实践的分析与探讨贯穿研究的始终,即以马克思主义哲学为最基本的方法论原则,同时采用本学科常用的具体研究方法。

1.文献研究法。该方法主要用于研究文艺育德相关论题的研究成果,即在前期梳理学术史,以及具体研究文艺育德生成逻辑的过程中,查阅古今中外的相关文献,对现有研究成果进行分析和梳理,厘清其具体的研究内容和提出的观点。

2.唯物辩证法。研究文艺育德的内容体系,以及其产生的历史逻辑等需要运用唯物辩证法,分析文艺育德内容体系中各个内容之间的逻辑关系,以及提出科学合理的实践原则都需要辩证思考和论证。

3.比较分析法。运用比较分析法,将文艺育德放置在历史与现实、中国与世界的方位中进行纵向和横向的比较研究。正如毛泽东同志曾经指出的,研究问题要用"古今中外法","就是弄清楚所研究的问题发生的一定的时间和一定的空间,把问题当作一定历史条件下的历史过程去研究。所谓'古今'就是历史的发展,所谓'中外'就是中国和外国,就是己方和彼方"。这就是说,研究问题既要有世界性的全局眼光,又要有历史性的发展眼光。这就要求我们必须在中国与世界的历史性变化的生动图景中来考察文艺育德。

4.发散研究法。本书所用的发散研究法,是以每一章节的主题为核心或发散点,在与其相关的诸多学科中以发散思维寻找相关原理或理论,并以此为分析样本进行研究的方法。

5.定性/定量分析法。在本书的研究中,定性研究和定量研究交替进行。对部分问题的研究热点的分析,采用了国际先进的文献计量分析软件CiteSpace。

(二)研究创新点

理论的发展和完善的最终目的是要服务于实践,服务于人的全面发展、国家的发展、社会的进步。探讨文艺育德,目的并不在于单纯地"构建"文艺育德理论体系,而在于通过"挖掘"这一理论体系,增强新时代思想政治教育方法的艺术创造力,助力新时代思想政治教育有效性的提升以及中国特色社会主义文化强国的建设。本书的创新点在于:

1.研究对象的创新。在详细梳理学界和理论界关于"文艺育德"或"思想政治教育与文艺"的论题的研究现状后,笔者发现:第一,学界现有的文艺育德一般是指"文学作品育德";第二,学界并未将文艺育德现象放置于人类文明视野中进行宏观的梳理与研究,而仅仅分析了马克思主义文艺育德,尤其是中国共产党的文艺育德理论与实践。因此,本书从文艺育德的时间和空间两个维度,对学界现存的文艺育德概念的内涵和外延进行扩充,将文艺育德研究上升为"一切文艺作品"的育德研究,且在坚持马克思主义社会历史观的基础上,分析党外存在的文艺育德活动,以探究其对党的文艺育德的影响。

2.研究方法的创新。在梳理和研究当前已有的以"文艺育德"或"思想政治教育与文艺"为主体的研究成果的过程中,笔者发现大部分学者采用了文献研究法和唯物辩证法,很少有学者基于跨学科研究的视角,运用比较研究、定性分析与定量分析相结合的方法。因此,本书尝试运用文献研究法、唯物辩证法、理论联系实际法、逻辑演绎法、定量分析法、比较研究法、综合研究法等来展开对文艺育德的研究,即用新的研究方法研究这一新的研究对象,旨在实现预期的研究目的。

第一章
文艺育德的理论缘起

一、何为文艺

"观念的东西不外是移入人的头脑并在人的头脑中改造过的物质的东西而已。"[1]人们头脑中所产生的"文,错画也"的观念,就是人们对于自然界天地之间的各种自然现象、物质形态等的一种描绘性观念。当自然之文发生内化,又经由人自身外化到社会中,表现为形而下的"文",进而推至仪式、典礼,甚至民俗风情后,人文便真正出现了。这就是我们即将展开论述的文艺中的"文"。值得注意的是,古人所说之文,并不仅指"文章""文学"。刘勰在《文心雕龙·征圣》中指出存在三种"文","'政化'之'文'、'事绩'之'文'、'修身'之'文',言语辞令(与文学、文章有直接关系者)之文包括在'修身'之'文'里"[2]。而"艺"则发生于人的行为规范之内,是人的主观愿望,是意志付诸实践而产生的行为现象,"'艺'的本质意义,就是人们有意识地从事各种物质的和精神的创造,在创造过程中有某种特殊的行为表现"[3]。溯源文艺发展的历史,我们也不难发现,"在中国,'文'与'艺'二道向来相互贯通,从苏轼所谓的'诗画本一律'观念,以及后来形成的'稗画相通'观念,可见一斑。画家既经常使用勾勒法粗线条地描摹人物、风物,也经常用皴染法细致描绘人物、风物。在中国文学史上,且不说诗人兼画家、小说家善画者为数不少,就是小说家也通常乐于依画理写人。于是,绘画理论术语便成为中国写人文论托底的术语"[4]。这就表明,"文"与"艺"始终是相通的存在,但我们也不能因此就要笼统地将两者"混为一体"。在当下的文艺理论中,"文艺"一词多指代文学,而不关涉其他的艺术形式,但是在本书中,文艺之意则如下:

---

[1] 中共中央马克思恩格斯列宁斯大林著作编译局.马克思恩格斯选集:第二卷[M].3版.北京:人民出版社,2012:93.
[2] 陈良运.文与质·艺与道[M].北京:中国人民大学出版社,1992:19.
[3] 陈良运.文与质·艺与道[M].北京:中国人民大学出版社,1992:144.
[4] 李桂奎.论中国文学写人传统与文论谱系建构[J].社会科学战线,2020(12):152.

"文艺"(literature and art)，按照形式分为文学和艺术两大类。"文学"，一词首见于《论语》："文学：子游，子夏。"孔子将"文学"与"德行""言语""政事"并列，指的是研究"人文"之学，具体说来，主要是研究历史文献。孔子认为"君子博学于文"，"行有余力，则以学文"，"文"在孔子心目中，有时是一种行为，但从根柢上说是一门学问。荀子对此有明确的解释："人之于文学也，犹玉之于琢磨也。《诗》曰：'如切如磋，如琢如磨。'谓学问也。和之璧，井里之厥也，玉人琢之，为天下宝。"(《荀子·大略》)这就是说，学问中也包括"文章"之学。到了汉代，"文章"从"文学"中分离出来，此时的"文学"在狭义上是指经学，即儒学；在广义上是指一切学术。以"儒学""经学"为内容的"文学"不具备美感之文，故而，在魏晋以后，人们心目中的"文学"，大都专指"辞章之学"，是以"辞采"为标志的诗、赋文章。

"文学作为一种审美的意识形态，其重要的特征就在于它的审美性和意识形态性"[1]，但是，"要提出一个十全十美、面面俱到、人人都能接受的文学本质观，那是十分困难的，现象比观念远为丰富得多。……我们可以在生活实践中逐步地积累对于真理的认识，不断地接近真理，但是我们很难穷尽真理，一劳永逸地结束对真理的探讨。因此就这点来说，任何文学本质观念的界定，都带有时代的特征甚至是局限"[2]。对于近年来出现的关于文学的扩容和文学理论的边界的问题，以及"文学终结"和"文学理论消亡"的问题，我们需要理性看待。"如果文学理论抛开文学研究不顾，转而追逐大众文化研究，从而成为一种没有确定研究对象和边界的'泛理论'，那么就必然带来其存在的理由和合法性的危机，导致文学理论的自我迷失乃至自我消解。"[3]

《中国大百科全书》对"文学"的定义为：艺术的基本样式之一，亦称语言艺术，它以语言文字为媒介和手段塑造形象，反映现实生活，表现人们的精神世界，通过审美的方式发挥其多方面的社会作用。[4]也就是说，文学是"运用审美手段，反映社会生活及自然界并赋予一定形式的语言艺

---

[1] 钱中文.最具体的和最主观的是最丰富的——审美反映的创造性本质[J].文艺理论研究,1986(4):11.
[2] 钱中文.文学理论：求索与反思[M].北京：中国社会科学出版社,2013:40-41.
[3] 赖大仁.当代文论研究：反思、调整与深化[J].文艺理论研究,2013(3):18.
[4] 《中国大百科全书》总编委会.中国大百科全书：23[M].2版.北京：中国大百科全书出版社,2009:23-320.

术"①。《辞海》将"文学"定义为：社会意识形态之一。中外古代都曾把一切用文书写的书籍文献统称为文学。如，《大戴礼记·文王官人》的记载，"有隐于知理者，有隐于文艺者"。以及葛洪在《抱朴子》中的记载，"洪祖父学无不涉，究测精微，文艺之高，一时莫伦"。两者均将文学认为是撰写与写作方面的学问。刘勰在《文心雕龙·养气》中认为，"是以吐纳文艺，务在节宣"。在这个意义上，文艺是指文学创作。再到，毛泽东在延安文艺座谈会上总结左翼文化运动的宝贵历史经验时指出，"我们不赞成把文艺的重要性过分强调到错误的程度，但也不赞成把文艺的重要性估计不足"②。质言之，文学一词，"现代专指用语言塑造形象以表现社会生活，表达作者思想感情的艺术，故又称'语言艺术'"③。卡西尔认为，语言是人类生活的提升和凝集，"语言概念的最初功能并不在比较经验与选择若干共同属性；它们的最初功能是要凝集这些经验，打个比方，就是把这些经验融合为一点"④。人们在自己的生活中不断地获取各种经验，这些经验有的由于相同或不断重复，有的由于与人的主体需求和意愿相符而得到人们的"注意"。为了把握这些现象的本质，使其在自己的意识中固定下来，人们便将其与一定的符号联系起来。因此，"文学"这一概念最主要的特征就在于它是一种艺术，以语言为载体，是一种"语言艺术"。

关于"艺术"，《中国大百科全书》将其定义为："社会意识形态之一，人对世界进行精神掌握的一种特殊方式，人类精神文明的有机组成部分。"艺术概念一般有3种含义：泛指人类活动的技艺，包括一切非自然的人工制品；指按照美的规律进行的各种创作，既包括各种具有审美因素的实用品的制作，也包括各种艺术创作；专指绘画、雕塑、建筑、音乐、舞蹈、戏剧、文学等专供观赏的各种艺术作品。⑤《辞海》对"艺术"的解释是："人类以情感和想象为特性的把握世界的一种特殊方式。即通过审美创造活动再现现实和表现情感理想，在想象中实现审美主体和审美客体的互相对象化。……根据表现手段和方式的不同，可分为表演艺术（音乐、舞蹈）、造

---

①《中国百科大辞典》总编辑委员会.中国百科大辞典[M].2版.北京：中国大百科全书出版社，2005：5654.
②毛泽东.毛泽东选集：第三卷[M].2版.北京：人民出版社，1991：866.
③辞海编辑委员会.辞海：第六版彩图本[M].上海：上海辞书出版社，2009：2384.
④恩斯特·卡西尔.语言与神话[M].于晓，等译.北京：生活·读书·新知三联书店，2017：68.
⑤中国大百科全书总编委员会.中国大百科全书：哲学卷Ⅱ[M].北京：中国大百科全书出版社，2002：1086.

型艺术(绘画、雕塑、建筑)、语言艺术(文学)和综合艺术(戏剧、影视)。根据作品形态的时空性质,可分为时间艺术(音乐)、空间艺术(绘画、雕塑、建筑)和时空艺术(文学、戏剧、影视)。"①本书中的"文艺",即指文学与艺术。

文艺陶冶人的人格,是人心灵的养分与人学的社会表达,为人类教育与发展不间断地提供参照,人们通过对文艺的传承和提炼,不断地提高文明的高度。正如前文论述中关于本书的研究对象的界定,将文艺按照最新的艺术理论的分类标准划分,即是时间艺术、空间艺术和时空艺术,文学是属于时间艺术的(以及音乐也属于这一类别的艺术),而文学之外的艺术形式则被划分为时间艺术以及相对综合性的时空艺术。关于这三类的详细的界分,笔者在第二章中将会进行详细与具体的阐述。

(一)文艺的本质

马克思、恩格斯在《德意志意识形态》中,阐释了文艺作为意识领域的一部分与客观现实社会的关系,尤其是文艺与人的思想教化方面的关系。在《〈政治经济学批判〉序言》中,马克思进一步强调"那些法律的、政治的、宗教的、艺术的或哲学的,简言之,意识形态的形式"②,着重指出了文艺的意识形态性质。并且,恩格斯进一步指出,"政治、法、哲学、宗教、文学、艺术等等的发展是以经济发展为基础的。但是,它们又都互相作用并对经济基础发生作用。并非只有经济状况才是原因,才是积极的,其余一切都不过是消极的结果"③。这表明经济基础作用于上层建筑的产生,但政治、法律、哲学、宗教、文学、艺术等上层建筑也会反过来作用于经济基础。文艺作为上层建筑中的重要组成部分,对经济基础的发展起着十分重要的作用。这就表明,文学是一种以不同的形式表现内心情感而再现一定时代与地域的社会生活的审美意识形态,与哲学、宗教、法律、政治一起构成社会的上层建筑。

---

①辞海编辑委员会.辞海:第六版彩图本[M].上海:上海辞书出版社,2009:2713.
②中共中央马克思恩格斯列宁斯大林著作编译局.马克思恩格斯选集:第二卷[M].2版.北京:人民出版社,1995:33.
③中共中央马克思恩格斯列宁斯大林著作编译局.马克思恩格斯选集:第四卷[M].2版.北京:人民出版社,1995:732.

马克思、恩格斯认为艺术作品是以一种比较明确的方式表达了特定社会阶级的利益和世界观。赫伯特·马尔库塞对这一"正统观念"表达了质疑,在《美学方面》一文中写道:"我对这些传统观念的批判是以马克思主义理论为依据的,因为它也是从现有社会关系的来龙去脉中来观察艺术,并肯定艺术具有一种政治职能和一种政治潜能。但是,同正统的马克思主义美学相反,我却认为艺术的政治潜能在艺术本身之中,在作为艺术的美学形式之中。此外,我还要说,由于具有美学形式,艺术对于既定社会关系大都是自主的。艺术凭借它的自主性,既反对这些关系,同时又超脱了它们。所以,艺术推翻了流行的意识、普通的经验。"[1]

德国"艺术学之父"康拉德·费德勒指出美学的根本问题与艺术哲学的根本问题完全不同,认为艺术并不只是与美有关,用美无法涵盖艺术中的所有问题,所以,他极力主张把美与艺术加以区别,把美学与关于艺术的学问加以区别。实际上表现艺术的存在不仅仅是审美体现,亦包含特定社会历史时期内的经济、政治、社会等各个领域的表征。正如巴尔扎克的《人间喜剧》,它所具有的政治、经济的地位远远超出了单纯的审美表现所能具有的地位。文艺育德中对文艺作品的运用与强调,亦不仅谈论文艺作品的审美问题,更关注文艺作品中蕴含的道德哲学对于人类个体道德素质的提升问题。

综上,无论是文艺的哪种载体形式,它们均成为文艺创作者表达思想的重要手段。从这一维度分析,可见文艺的本质即为周敦颐在《通书·文辞》中所说的,"文所以载道也,轮辕饰而人弗庸,徒饰也。况虚车乎?"文艺创作者对读者假定的责任是其创作文艺作品的目的,正如鲁迅在《我怎么做起小说来》一文中写的那样,"我的取材,多采自病态社会的不幸的人们中,意思是在揭出病苦,引起疗救的注意";亦如沈从文在《习作选集代序》中写的那样,"我只想造希腊小庙","这神庙供奉的是'人性'"。这就表明,文以载道,而文艺之道,便是文艺之用——是文艺作为社会意识形态所表达出的责任。因此,社会主义文艺事业发展中的文艺作品创作,需要蕴含社会主义核心价值观这一先进文化的根本内核,着重张扬爱国主义精神、斗争精神等伟大精神,坚持为社会主义服务与为人民服务的发展方向,其本质在"文以载道"之中表现出鲜明的人民性与马克思主义的立场。

---

[1]赫伯特·马尔库塞,等.现代美学析疑[M].绿原,译.北京:文化艺术出版社,1987:1.

(二)文艺的特性

马尔库塞认为,马克思和恩格斯对文学艺术的特性的界定体现在若干关系(联想)中。一是在艺术和物质基础之间,在艺术和所有的生产关系之间,有一种明确的联系。随着生产关系的变革,艺术本身转化为上层建筑的一部分,虽然像其他上层建筑一样,它可能落后于或先行于社会变革。二是在艺术和社会阶级之间,有一种明确的联系。唯一真实的、进步的艺术就是上升阶级的艺术。它表现了这个阶级的意识。三是政治性和艺术性、革命内容和艺术质量达到一致。四是作者有义务表达上升阶级的利益和需要(在资本主义社会,这个阶级就是无产阶级)。五是没落阶级或其代表人物仅仅只能产生"颓废"的艺术。六是现实主义(在多重意义上)被认为是最切合社会关系的艺术形式,因此是"正确"的艺术形式。在以上各类关系中分析和研究文学艺术的根本属性的问题,是在马克思主义理论视野中发展社会主义文艺的基本前提。

基于对以上各类关系的探讨,马尔库塞以其独特的眼光抽离出各种关系中凝结出的文艺(尤其是文学)的根本特性,即一种"破坏性"。文学作品是否存在"破坏性"是衡量好的和坏的艺术的重要标准。这种破坏性,"在莎士比亚的喜剧和复辟时期的喜剧之间,在歌德的和席勒的诗作之间,在巴尔扎克的《人间喜剧》和左拉的《卢贡-马卡尔》之间,有一种质量上一目了然的区别"[1]。而这种"破坏性"的建构实际上是基于文艺的两大基本特性,即形象性和典型性。

其一,文艺的形象性。《周易·系辞》中的"立象以尽意"的观点阐明了文学艺术在传达情感上的特点,就是把"象"或"意象"视为文学艺术特有的表意符号和文学构成的基本要素。西方文艺理论中的形象(image)则经历了从"视觉形象"到"意象"的内涵上的转变。在文学领域中,文艺形象并不一定是一种凭借着感官就可以直接把握的实体或者实像,而是语言激发想象的结果。换言之,文艺形象是在感受和理解语言的基础上,依靠想象和联想形成的。文学的形象性,即"文学作品反映以人为中心的社会生活的整体,要把以人为中心的社会生活的整体具体地直接地呈现在

---

[1] 赫伯特·马尔库塞,等.现代美学析疑[M].绿原,译.北京:文化艺术出版社,1987:2.

人们的眼前"①。"优秀的文学作品通过艺术形象反映社会生活,所描绘的画面酷似生活本身,但又并不是生活原貌的简单再现"②,这说明文学按照现实主义的创作手法进行文艺的生产,但其并不是对现实生活的平铺直叙,而是借助一定的文学手法委婉地、有目的地反映社会现实。正如中国古代的诗词,注重拟人、拟物,以托物言志、借景抒情等各类方式反映社会现实的不公甚至黑暗。以此类推,在语言艺术载体外的其他的艺术形式,同样具有形象性的特征,在可以直接被视觉捕捉的雕塑艺术和绘画艺术中,形象性体现得更为直接与鲜明。随着人类文明发展进程中生产力水平的不断提升和科技力量的日新月异,艺术形式的表达兼容了更多"图像时代"的特征而具有更为鲜明的形象性,人们不仅可以直接通过眼睛感知这种形象性,甚至可以借助虚拟现实技术(VR)等的立体场景的感知,零距离地"触摸"到形象,获得更加强烈和震撼的体验,如:人们通过身临其境地观看一部红色经典电影,在与革命英雄人物的"密切接触"中,感受到英雄人物的形象中蕴含的强大的伟大精神力量。这会潜移默化地影响到体验者的信仰与精神等,在后文文艺育德的存在样态中将对此进行详尽的阐述。

其二,文艺的典型性。黑格尔把"特征性"当作艺术创作的重要原理并加以提倡。他认为从他本身召唤出来的东西中认出他自己,是为了观照自己、认识自己,思考自己,③因而人类希望能从典型中欣赏的只是他自己的外在现实,典型应当为人类自己而存在。典型的创造是通过特征化实现的,"特征化"在艺术表现中显示了巨大的能量。高明的作家可能通过特征化把上述的各个因素,单独地变为传世之作。马克思、恩格斯以历史唯物主义的眼光第一次科学地阐明了人的生活环境与人物性格形成的关系,同时又提出了"真实地再现典型环境中的典型人物"的命题。这是对"典型"理论的重大贡献。恩格斯在给玛格丽特·哈克奈斯的信中写道:"据我看来,现实主义的意思是,除细节的真实外,还要真实地再现典型环境中的典型人物。您的人物,就他们本身而言,是够典型的;但是环绕着

---

① 吉林大学中文系文艺理论教研室.文学概论[M].长春:吉林人民出版社,1981:42.
② 吉林大学中文系文艺理论教研室.文学概论[M].长春:吉林人民出版社,1981:44.
③ 黑格尔.美学:第一卷[M].朱光潜,译.北京:商务印书馆,1979:38-39.

这些人物并促使他们行动的环境,也许就不是那样典型了。"①这表明,人作为一切社会关系的总和,只有从对社会关系即现实关系的描写和揭示中,才能更好地刻画典型。因此,马克思和恩格斯一贯主张"对现实关系的真实描写"。而恩格斯这里提出的"真实地再现典型环境中的典型人物"的命题,正与他们的一贯主张相统一。正如在文学世界中,文学作品的典型性,即指"优秀的文学作品塑造的艺术形象所具有的特点,是衡量一部文学作品艺术水平高低的最重要的艺术标准"②。"优秀文学作品的艺术形象,又都是以独特的个性形式而存在,反映着艺术家对社会生活的极为深刻的思考。艺术形象以独特的个性形式,概括着极为深广的社会内容这一特点,就是它的典型性"③。总之,文艺作品中的典型作为文艺作品中的形象的高级形态,包含丰厚的历史内容,成为人类通过文艺直观自身、认识生活的主要形式。它是写实型作品的最高的美学追求和理想的范型模式,是人类创造的艺术至境形态之一。

---

① 中共中央马克思恩格斯列宁斯大林著作编译局.马克思恩格斯选集:第四卷[M].3版.北京:人民出版社,2012:590.
② 吉林大学中文系文艺理论教研室.文学概论[M].长春:吉林人民出版社,1981:45-46.
③ 吉林大学中文系文艺理论教研室.文学概论[M].长春:吉林人民出版社,1981:46.

二、文艺的育德功能

(一)文艺何以育德的理论阐释

要理解文艺何以具有育德功能,我们需在"文"与"艺"的产生与发展的历史进程中,认识从"文"到"艺",再到"文艺"的过程,回答好这一实体(文艺)本身是怎样被赋予了育德的内涵的。而关于"文"与"艺"的历史,前文已有论述。文艺具有育德功能,主要是基于文艺本身的特性和功能。

首先,文艺作为一定社会存在的反映往往具有统治阶级的思想意识和价值观念,这集中体现在特定时期的文艺的政治教化性上。基于政治教育是思想政治教育的核心内容,实际上是说思想政治教育的意识形态属性是其核心属性。文艺之所以能够成为以文化人、以文育人的重要载体,最直接的原因是文艺与政治存在复杂多元、千丝万缕的关系,文艺本身在利用美的形式来宣扬审美体验的同时,具有一定的政治教化性,尤其是专门为无产阶级与人民创作的优秀文艺作品。

马克思在《1844年经济学哲学手稿》中写道:"动物只是按照它所属的那个种的尺度和需要来构造,而人却懂得按照任何一个种的尺度来进行生产,并且懂得处处都把固有的尺度运用于对象;因此,人也按照美的规律来构造。"[①]传统的文艺学理论惯常将文艺本身的内容(或形式)分为"质"与"文"两方面,又把这两种审美的"尺度"运用到身外与身内的"建造"中:大至国家的制度,小至个人的仪表与服饰。"当他们在物质世界里对两个'尺度'运用自如之后,又用来在精神世界里进行'建造',以'质'来评价人的气质、德性、才能、学识乃至政治信念与社会理想,以'文'来规范

[①]中共中央马克思恩格斯列宁斯大林著作编译局.马克思恩格斯选集:第一卷[M].3版.北京:人民出版社,2012:57.

人的言语辞令乃至种种行为表现。而作为两种'内在的尺度',在人的内心活动可以通过文字表现出来之后,便更多地用来指导精神的生产和评价精神的产品了。"①

质言之,语言是思想的直接现实,人有"内美",不能凭"锦绣文采靡曼之衣"表现出来,必须通过孕育于内心、经由口或笔传导出来的言语文字来体现。从唐初开始,一部分反思前朝灭亡之因的文人学士强调以"先王之道"为文章之"质"。后尤以韩愈的《原道》最具有代表性,其关于"道"的观念即是"仁"与"义",作文即是为了参与政治、影响政治,是实现"君子"社会政治理想的一种手段。为此,他非常重视君子政治家与文学家的双重素质。王安石也非常强调文为社会、为政治服务,他心目中的"道",是圣人"盖心得之,作而为治教政令也,则有本末先后,权势制义,而一之于极。其书之策也,则道其然而已矣"(《与祖择之书》);他心目中的"文",也不过是"礼教治政云尔,其书诸策而传之人,大体归然而已"(《上人书》)。

在阶级社会中,在阶级政治对文艺的影响下,文艺创作者的思想不可避免地被打上本阶级的烙印,其作品是在表达特定阶级群体和利益主体的政治主张、道德理想和审美情趣。正如《诗经》中的歌颂统治者"功德"的"颂"——"美盛德之形容,以其成功告于神明者也"。而对于普罗大众,其形成的大众文化抑或通俗文化,体现出普通民众的生活百态,"穷人决无开交易所折本的懊恼,煤油大王那会知道北京捡煤渣老婆子身受的酸辛,饥区的灾民,大约总不去种兰花,像阔人的老太爷一样,贾府上的焦大,也不爱林妹妹的"②。这种鲜明的阶级对立是基于私有制的产生而产生的,亦是这种阶级对立、矛盾及斗争,推动着社会的发展。而在此进程中产生的文艺必然是受统治阶级思想影响的,尤其是在特定的历史时期内,其是服务于统治阶级的,呈现出政治功能大于艺术审美功能的形态。但无论政治的因素占比多大,文艺都在不同的社会形态中以不同的程度彰显着审美之维对人的生存方式的思考,并反过来影响政治的发展,使得"霸道"逐渐趋于真正的"王道",在这个过程中,人的主体性价值不断提升。

---

①陈良运.文与质·艺与道[M].北京:中国人民大学出版社,1992:4-5.
②鲁迅.二心集[M].2版.北京:人民文学出版社,2006:16.

其次，作为精神生产的优秀文艺作品往往彰显着特定时期的主流道德观念，对民众发挥道德教育作用，使之符合统治阶级的道德观念。如，在绵延五千年的中华传统文化中，文艺与道德之间始终存在十分紧密的关系。文艺与道德既分属不同领域，又相互渗透、相互依托和相互促进。早在中国的战国时期，因出现了"王道衰，礼义废，政教失，国异政，家殊俗"的危机，屈原偏重于"吟咏情性"，尽情文饰自己具有优美内质的形体，认为只有本质之美在，则"万变其情岂可盖兮，孰虚伪之可长"（《悲回风》）。班固认为《楚辞》为"贤人失志"之作，批评屈原不知明哲保身，不承认《离骚》有言志的因素，诬其情是"失志"之后的"怨恶"之情。①实际上，屈原的创作动机是基于当时社会的具体环境的，道德衰落与国亡家破对当时楚国的有识之士产生了重要的影响，屈原的"情志"可以起到"吟咏情性，以风其上。达于事变，而怀其旧俗者也"的作用。

在西方文艺发展中，诗人雪莱写道："诗人是世间未经公认的立法者。"因此，在唤醒人的道德感，促使人主动进行道德选择、完成道德建设这些方面，没有哪种伦理学比艺术伦理学更能胜任了。德国现代学者德索指出，"仅仅瞥一眼人类创造的美，便会使我们处于一种心荡神怡的情绪状态里，丰美而又宁静。幽默能带来持久的慰藉和调和；悲剧能激励我们，使我们向伟大的生活拔高。每当艺术的劝导性力量与善的强制性力量相联合时，便会出现持久的效果。它们间有一种互惠的关系。道德的要求借助于艺术的力量，这是正确的。而艺术又把这些要求当作自己的内容。艺术在其充分性、自由性和柔韧性方面超过了道德之进化，它显示出将来的道德。……艺术家把我们都引向生活的深处，他同时在使我们道德化，……激起我们对一切事物之相关性的情感"②。

综上所述，文艺是文明发展和道德进步的见证者，在艺术欣赏中我们可以感知到人类社会波澜壮阔的道德变迁。文艺亦是文明发展和道德进步的助推器，文艺通过对假恶丑的批判和真善美的赞美来传播正确的道德观念，激发人们美好的道德情感，增强人类的道德感。

最后，文艺能够作为连接不同民族、国家和地区的纽带，具有普遍的人文关怀作用，为处于社会发展、转型中的个人提供精神家园。在这一意

---

① 陈良运.文质彬彬[M].南昌：百花洲文艺出版社，2017：64.
② 玛克斯·德索.美学与艺术理论[M].兰金仁，译.北京：中国社会科学出版社，1987：442-443.

义上,文艺学与人类学之间具有了不可分离的关系。正如文学家高尔基曾认为,文学是人学。而著名人类学家克鲁伯则认为人类学是人的科学。人学与人的科学,大致可以看成是近义词。我们可以看出,文学与人类学之间存在着一定的相关性。思想政治教育的研究向来有以文化为向度的研究,甚至有学者直接提出了思想政治教育的文化研究范式。而文艺作为文化传承与发展的重要载体,不言而喻地必然对人的发展起到至关重要的作用。"如果说政治教化是思想政治教育最直接和最显著的目的,那么,人文教化则是思想政治教育较为隐性和更为深层的目的。"①在一定意义上,"从感觉的被动状态到思维和意愿的主动状态的转移,只能通过审美自由的中间状态来完成。……要使感性的人成为理性的人,除了首先使他成为审美的人以外,别无其他途径"②。正如前文论述过的那样,在中华传统文化中,尤其是在儒家文化中,人们追求的内圣外王的贤人君子人格,是在礼乐教育的进程中逐渐形成的,人们首先经历审美的熏陶和体验,从感性趋于理性,逐步提升自己的人生境界。具体而言,正如孔子认为"诗,可以兴",即可以激发人的感情,"兴"是诗人主观世界与客观世界瞬间契合时的感情迸发之状,换言之,是诗人心灵深处情感意志触发与涌出的通道。诗人通过"兴"在诗中创设的意境,体现出诗人的情境之美、心灵之美和精神世界之美,使得人的本质力量的对象化得以实现。

概括而言,特定时期的优秀文艺作品为这一时期的人们,甚至后人们提供了正确的人生图像,通过人物形象呈现与受众经验世界比较等途径,从中引出应然的生存方式和生存状态,并逐渐在认识世界与改造世界的文艺育德实践活动中转变为一种能为生命赋予巨大价值和意义的实然存在。由此,优秀文艺作品所包含的精神价值得以在人与人之间扩散,得以在代与代之间传递,这也正是文化发展的重要意义。

(二)文艺怎样育德的叙事视角

文艺创作过程中人们对叙事学的研究与发展,在文艺育德中即表现为助力于文艺育德功能的实现。这种叙事在中国传统的艺术领域中,首

---

① 姚迎春.思想政治教育的文艺载体研究[M].北京:中国社会科学出版社,2013:51.
② 弗里德里希·席勒.审美教育书简[M].冯至,范大灿,译.北京:北京大学出版社,1985:116.

要地体现在"讲故事"中。"讲故事"作为人类历史上最古老的文明传承方式,是人类生活中一项不可少的文化活动。换言之,一个故事胜过一堆道理,故事是思想文化传播的生动有效的载体之一。好的故事既形象生动,又蕴含深刻的道理,更能有效地吸引受众、启迪思想。在中外思想文化史上,讲故事均是深受重视的传播策略和教育方法之一。我国先秦诸子百家,大多善于通过事例和类比来传播思想主张。比如,有"苛政猛于虎"的政治比喻、有"不食嗟来之食"的气节描述;又如,有《拔苗助长》《滥竽充数》《掩耳盗铃》等经典寓言故事;再如,关于美德的故事,有《孟母三迁》《曾子杀猪》等。这些文学作品无不成为中华民族的伟大精神的重要组成部分,尤其是关于中华优秀传统文化的经典故事,广为流传、泽被后世,成为普惠性的价值理念而被传诵至今。基于中西互鉴的视角,古希腊的苏格拉底等贤哲常用故事化的论辩方法启发、教育学生;苏联教育家苏霍姆林斯基将"故事会"引入共产主义阅读课,他专门为后进学生编写的习题集中的每一道习题都是一个吸引人的小故事;哈佛大学桑德尔教授善于讲道德两难故事,其主讲的"公正"课程通过网络风靡全球;等等。历史上有说服力的人物都是讲故事的高手。

中国共产党人,尤其是领袖人物,在革命、建设和改革的各个时期,更是善于将讲故事的本领发挥到极致。正如毛泽东同志善于活用大量的中国历史典故,并运用历史唯物主义的方法将《三国演义》中的"历史社会"和中国新民主主义革命时期的"现实社会"相结合,在现实和历史的对话中通过名著中描写的场景来审视革命时期的中国现状以及人民的精神风貌。在那个年代,毛泽东同志一边如饥似渴地阅读中外名著,一边苦苦探索中国的前途。他熟读古典文学,熟读《三国演义》,并且引用历史上的典故为今天所用,这正是马克思主义思想的实践做法。由此,在那个时代出现了在浴血奋战中如火如荼的左翼文学运动,以及延安文艺座谈会等在中国文艺发展史上具有划时代意义的重要事件。

大略言之,以叙事为主要呈现形式的文学作品只是诸多文学作品中的一大类型,但是文艺育德研究主要是基于文学作品中对典型环境中典型人物的呈现对读者产生的影响,诸如思想政治教育中的榜样教育法(这种"榜样"不一定是活生生的现实个人)。值得一提的是,以习近平同志为核心的党中央倡导讲好中国故事,而在学界与理论界中,"讲好中国故事"在思想政治理论课中的运用与以故事为主要体裁的文学作品在育德方面的运用殊途同归。质言之,"叙事策略只是一个手段问题,叙事中的形象创造以及通过形象本身所要说明的生命问题才是文学的根本。小说体虽也有些杂言体性质,例如小说体中穿插着诗,穿插着散文,甚至穿插对话式的小戏,但小说体最根本的性质还在于写出生活中的各色人物"[①]。

所以我们要发挥文艺作品的育德功能,提升宣传思想工作的实效性和主流意识形态话语权。这些通俗易懂、寓意深远的文学作品对道德修养的提升、国家的治理都是鞭辟入里、入木三分的,其中蕴含的典故把重要的道理和领导干部的行为准则通过通俗易懂的方式表达出来,比如"四知拒金""裴矩佞于隋而忠于唐";又如,"居安思危"——我们国家虽然在不断进步,不断缩小与发达国家之间的差距,但是,在发展的同时,并没有"乐不思蜀",用"三命而俯",警醒每一位共产党员"为政之要在于廉洁,廉洁之本在于自律"。困难处处有,诱惑时时在,只要每一位共产党员都能做到"廉不言贫,勤不道苦",真正展现共产党人让中华民族、让人民过上幸福安康的日子的决心,坚定内心,坚持初心,一心跟着共产党走,中华民族的伟大复兴就指日可待,中国梦的实现就在眼前。文艺育德是社会主义文化发展的重要内容,从优秀文艺作品交织的历史长河中汲取经验、得到重要滋养后生发的新文艺育德论,对思想政治理论课的教学方式方法和内容的完善,甚至对思想政治教育学科的学科使命的完成均具有至关重要的作用。

总的来说,包括文学在内的所有的艺术形式均具有以下特征:一是形象把握与理性把握的统一。艺术形象贯穿于艺术活动的全过程,艺术欣赏也要通过人们对艺术形象的感情来引发对作品中情境、意境的体味。同时,艺术形象的创造又不能离开理性,艺术中的形象是有意味的形象,是渗透了艺术家深刻理性思考的形象。另外,艺术家在从事创作活动时的理性思维,在把握时代氛围、遴选素材和题材、构思主题和情节、选择表现形式等方面均具有举足轻重的作用。二是情感体验与逻辑认知的统一。在审美以及艺术创造和艺术欣赏活动中,情感不仅与形象联系在一

[①] 李咏吟.文体意识与想像定势[J].文艺评论,2004(2):14-15.

起,也同认知联系在一起,是随着审美认知的产生而产生的一种特殊的心理现象。三是审美活动与意识形态的统一。艺术不仅是一种审美活动,具有审美特性,而且仍属于上层建筑中的一种意识形态,具有意识形态的性质。

归根结底,艺术是人对世界的一种精神把握的方式,人们通过艺术实现的对世界的认识,也包含人对自己的认识。而且,艺术中的审美性是其最根本的本质属性,其意识形态特征则是隐藏在审美特性之中的。这使艺术的审美世界具有了更为广阔和深邃的内涵。

三、文艺育德的独特价值

(一)"随风潜入夜,润物细无声"

文艺育德的独特价值是基于思想政治教育生活化的理论体现出来的,思想政治教育生活论是文艺能够发挥出育德功能的直接动因。马克思、恩格斯指出:"思想、观念、意识的生产最初是直接与人们的物质活动,与人们的物质交往,与现实生活的语言交织在一起的。人们的想象、思维、精神交往在这里还是人们物质行动的直接产物。"[①]

人们从原本的生命体验之中,分化出真善美,衍生出文学、艺术、道德等。为了方便人对自然进行认识与改造,人类历史地预设了一个逻辑的世界,而遮蔽了人本来生存的生活世界。"'掩盖'生活世界的基本方式是一种'自然'与'人'、'客体'与'主体'、'存在'与'思想'分立的方式,世界被分割成'目的'与'手段'的永久性的对立,'利益'原则与'知识'原则的分立,科学、技术成为'利益'的手段,'自然'成为'幸福'的手段,'他人'也成为一种'手段',即一切被认为是'客体'的,都成为'手段'。"[②]为了把这被遮蔽的生活世界重新展示出来,人们才有了美和文学艺术。

"生活世界"的概念,最早由胡塞尔在《欧洲科学危机和超验现象学》一书中提出。胡塞尔认为,生活世界是认识与验证科学真实性的一个不言自明的前提和存在,包括人们的一切实际生活(包括精神领域内的主观意识活动),在我们具体的世界生活中能够不断作为实际的东西,让人们日常体验着还能被体验到的世界。胡塞尔以敏锐的洞察力和精确的判

[①]中共中央马克思恩格斯列宁斯大林著作编译局.马克思恩格斯选集:第一卷[M].3版.北京:人民出版社,2012:151.
[②]叶秀山.叶秀山文集·美学卷[M].重庆:重庆出版社,2000:471-472.

断,捕捉到了欧洲科学陷入危机背后的根本原因,并明确指出,欧洲科学的危机是由科学的社会作用所引起的文化危机和人性危机,欧洲人因此失去了最为重要的值得重视的世界,即我们的日常生活世界。它已经完全变为一种"实证科学",造成了科学工具化、真理工具化、世界物质化的认知偏差,使得理性主义过度扩张,近代科学不再与人们的主观生活世界息息相关。因此,胡塞尔提倡把超验的现象学与具体科学相结合,在日常生活的经验中研究科学,在科学真理的发展中重建对人的生存有意义的生活实践,这样才能把抽象世界还原为一个丰富而直观的生活世界,实现科学世界向生活世界的合理性回归。胡塞尔之后,维特根斯坦、海德格尔、哈贝马斯等学者都从不同视角表述了对生活世界的关注,提出了自己的生活世界理论。生活世界的哲学概念的提出毋庸置疑地表明人生活在现实的实际生活中。

回到思想政治教育学科中,其生活世界是思想政治教育学科建设与发展的现实根基,对思想政治教育的任何审视都不能偏离这一基本界域。思想政治教育着眼于生活世界,在应对社会冲突时和在社会风险场域中,把解决现实问题与思想问题结合,承担解疑释惑、资政育人的作用,证明思想政治教育具有现实性力量,发挥思想政治教育的工具性价值和目的性价值,从而真正实现思想政治教育的价值,增进人们对思想政治教育的认同。换言之,我们要将思想政治教育从制度中解脱出来,在生活中找依托、以人为主体、以生活为中心、以教育为导向,使教育能够与人的生产、生活过程融为一体,使教育能够走进生活世界,走进受教育者的心灵,真正实现"由人来教育自己"。由此将中国价值、中国力量、中国精神等以中国故事的形式融入人民的生活中,是具有科学理论依据的。

20世纪90年代起,思想政治教育界在相关学科的推动下,也引入了"生活世界"这一话语,它迅速成为思想政治教育理论领域的重要论题。第一,思想政治教育是社会或社会群体用一定的思想观念、政治观点、道德规范,对其成员施加有目的、有计划、有组织的教育的社会实践活动。它的性质决定了在思想政治教育过程中师生的一切交往活动都必须发生在日常生活中,这些生活事件构成了思想政治教育的整个情境和过程,成为思想政治教育存在的事实根基。而这些生活事件中有相当一部分是关于思想政治教育的内容,因此我们要发挥文艺作品的育德功能,在思想政治教育实践活动中的生活实践事件中下功夫,使之产生潜移默化、润物无声的影响。第二,生活世界具有整体性和复杂性,思想政治教育作为社会整体生活的组成部分,其社会功能同样包含意识形态和非意识形态两个方面。思想政治教育的生活化理论就是强调在思想政治教育的过程中要从整体上说明和把握全部的社会现实生活,坚持意识形态教育和非意识形态教育的结合与统一,而"讲好中国故事"正是两者结合的重要体现。第三,思想政治教育本身就是融真善美为一体的艺术化的生活形式。根据人们的生存体验,在接收真理的过程中肯定自己、复现自己、观照自己,能够在创造和更新知识中获得一种精神上的自由感和满足感,从而在其中追求更加充实、更加有意义的生活方式。因此,思想政治理论课教学不应该是建立在空中楼阁上的奇思妙想,而应是牢牢地植根于现实生活中的、反映现实世界的真实需求的、实现真实世界中人们的理想诉求的社会实践活动。正如陶行知先生提出的"是生活就是教育,不是生活就不是教育;是好生活就是好教育,是坏生活就是坏教育"。思想政治教育服务于人类的整体生活,也就决定了思想政治教育必须源自现实生活、立足现实生活、顺应现实生活。在这种意义上,思想政治教育只有通过解构和确认客观事物,从现实引导中强化认知,于优秀的文艺作品中规范行为,与生活的外部世界不断保持能量与信息的交换,促使受教育者自觉审视生活,充分挖掘不同生活情境的思想政治教育意义,才能发挥自身应有的社会功能,使生活更好地为人类的全面发展服务。

正如马克思、恩格斯在《德意志意识形态》一文中强调:"无论思想或语言都不能独自组成特殊的王国,它们只是现实生活的表现。"[1]文学是语言的艺术,语言是现实生活的表现。作为现实生活经验的直接反映的文学,其源泉当然只能是生活。马克思在给自己女儿的信中亦写道:"我们的朋友达金斯……是个'天生的'共产主义者。当然,我不免要同他开点玩笑,警告他别让埃利奥特夫人遇见,因为她会立刻抓住他,把他写进她的文学作品。"[2]作家的创作来自生活,作家总是从自己的生活体验出发进行创作。尤其是人民喜闻乐见的,对一个特定时代产生巨大影响的艺术

---

[1]中共中央马克思恩格斯列宁斯大林著作编译局.马克思恩格斯全集:第三卷[M].北京:人民出版社,1960:525.
[2]中共中央马克思恩格斯列宁斯大林著作编译局.马克思恩格斯全集:第三十二卷[M].北京:人民出版社,1974:601-602.

精品,通常都植根于人民大众的现实生活中,从真实的现实中取材,为人民书写、为人民抒情。由此,文艺满足了人民大众的审美需求以及提升了人的道德素质,发挥了育德功能。

(二)"近朱者赤,近墨者黑"

"近朱者赤,近墨者黑",实际上是对生活中的思想政治教育的实践活动,尤其是对文艺育德的大部分实践活动中关于典型教育抑或榜样教育的实践活动的突出性表达与阐述。随着马克思主义在中国的传播,西方典型观于"五四"运动以后传入我国,但对于西方典型观的真正讨论发生在中华人民共和国成立之后。从苏联移植的带有庸俗社会学和机械唯物论倾向的"阶级论典型说"到开始重视个性因素的"共性与个性统一说",再到"共名说"与"必然与偶然的联系说",这些观点均不足以揭示文艺创作中的典型的本质。"文化大革命"后,因人民对过去的政治化、公式化文艺的反感,出现了认为"个性出典型"的认知流派,但此观点并未跳出"共性与个性统一说"的格局。20世纪80年代,具体地进行辩证分析的"中介—特殊说",打破了"典型"研究的困境,使"典型"研究终于摆脱了机械唯物论的纠缠,获得了生机。这些见解从不同的角度,逐步逼近了典型的本质和特征,丰富了典型理论。

文艺作品的典型性使文本本身彰显着十足的艺术魅力,这主要来自典型独特的审美效果。一方面,文艺典型以人的生命形式呈现出无穷魅力。美国现代美学家苏珊·朗格认为,艺术是一种生命形式,因此它能"激发人们的美感"。这种艺术魅力首先在于典型以人的生命形式所展现的生命的斑斓色彩。文艺典型给人提供的精神世界是如此丰富,往往令读者叹为观止。正如黑格尔所说,一个艺术家的地位愈高,他也就愈深刻地表现出心情和灵魂的深度,而这种心情和灵魂的深度却不是一望而知的,而是要靠艺术家沉浸到外在和内在世界里去深入探索,才能认识到。因此这种表现出"灵魂的深度"的文艺典型被称为文艺典型的必备品格。另一方面,文艺典型的艺术魅力还来自它的真实性。"如果不能真实地描绘出一定社会现实状况,作家只是依靠某种意识去图解、某种概念去演绎,那样的创作自然会丧失艺术的基本品格及其存在价值。"[①]这是艺术创造的原则,更是马克思主义典型观的核心命题,它为文艺典型规定了严格的历史尺度,要求典型具有的真实性,应含有更丰富深刻的历史意蕴。这样的典型提倡对现实关系的真实描写,希望通过卓越的个性刻画能揭示出更多的政治和社会的真理,体现出历史的必然趋势。

正如文艺典型是显示出特征的、富有艺术魅力的人物性格,作为文艺形象的高级形态,它包含丰厚的历史内容,成为人类通过文艺直观自身、认识生活的主要形式。它是写实型作品的最高的美学追求和理想的范型模式,是人类创造的艺术至境的形态之一。

[①]胡德培.艺术规律探微(续集)[M].北京:中国文联出版公司,1999:229.

第二章
文艺育德的存在样态

马克思在《1844年经济学哲学手稿》中指出,"人同作为类存在物的自身发生现实的、能动的关系,或者说,人作为现实的类存在物即作为人的存在物的实现,只有通过下述途径才有可能:人确实显示出自己的全部类力量——这又只有通过人的全部活动、只有作为历史的结果才有可能——并且把这些力量当作对象来对待,而这首先又只有通过异化的形式才有可能"[1]。在马克思看来,在私有制社会中,一方面,劳动者处于异化劳动条件下,创造才能受到某种程度的扼制;另一方面,有产者阶级由于私欲膨胀而造成人的需要的片面性,因而双方都陷入一种人性的异化状态。与此同时,我们还应该看到,正是在这种异化的形式下,双方都作为"类存在物","把自己的类的力量"有条件地发挥出来,从而创造了人类文明、创造了人类的美。正如马尔库塞认为艺术具有升华作用[2],艺术作为与实用科学对立的意识形态,是"离经济基础较远"的一种文化形态,它有可能脱离人的真实生活,而营造出一个幻想的世界,使人得到心理的满足,甚至自我欺骗,逃避真实的人生。尤其是生活在压迫和剥削中的无产者,正是借文艺的形式来逃避现实生活的困难,在寻得内心的宁静的过程中谋求自身的解放之道。因此,文艺及其文艺形式普遍地存在于阶级社会以来的任何社会形态中,文艺育德亦产生了不同的存在样态。

---

[1] 中共中央马克思恩格斯列宁斯大林著作编译局.马克思恩格斯全集:第三卷[M].2版.北京:人民出版社,2002:320.
[2] 赫伯特·马尔库塞.审美之维[M].李小兵,译.桂林:广西师范大学出版社,2001:181-182.

一、按照文艺的形式划分

现代文艺学理论中根据艺术分类的原则和角度,主要有六种分类方法,在前文已有论述。这里主要根据艺术形象的存在方式,将艺术分为时间艺术(音乐、文学)、空间艺术(雕塑、绘画)和时空艺术(戏剧、影视)。按照这种分类,文艺育德的存在样态有时间性文艺育德、空间性文艺育德和时空性文艺育德。

(一)时间性文艺育德

以文学和音乐为代表的时间艺术,在中华文化中又体现出独特的民族特征。文学起源于人类的思维活动,最先以口头文学的形式迈入人类文明的历史长河之中,处于文学的摇篮中的载体常与音乐联结为可以演唱的抒情诗歌,如中国的《诗经》、印度的《罗摩衍那》和古希腊的《伊利亚特》等。中国先秦时期将以文字写成的作品都统称为文学,魏晋以后才逐渐将文学作品单独列出。

对于文学的本质是什么,有学者指出,"文学是人的感情和思想在生动语言形象中的表现,是对人的外部生活和内心世界的社会历史因素及其相关的自然与身体经验的创造性反映的产物。文学作为一种特殊的社会意识形式,作为语言的艺术,作为一种艺术掌握世界的精神生产,它所反映和表现的绝不是抽象的观点和思想体系,而是具体的、活生生的、有意味的东西"[1],"文学应归属于一种'社会意识形式'"[2]。换言之,文学是在多维层面同时产生的精神文化现象,行走在现世的现实性和精神的超

---

[1] 董学文.文学本质说考论——以"审美"与"意识形态"关系为中心[J].北京大学学报(哲学社会科学版),2005,42(5):85.
[2] 董学文.文学本质说考论——以"审美"与"意识形态"关系为中心[J].北京大学学报(哲学社会科学版),2005,42(5):79.

越性之间,是一种多元决定的"社会意识形式"(关涉不同的语言层面、不同的意义单元、不同的社会环境、时代语境以及个人品格、艺术修养甚至潜意识、无意识等诸多因素)[①]。亦有学者认为,"由'作家—作品—读者'作为主体参与的事件关联文本内外,建立真实世界与文学之间的实践关系,才能为体现文学的教化功能和社会责任找到可能性"[②]。更有学者从文学的各个维度去审视文学的本质问题,并认为文学有其文化含义、审美含义、通行含义,其中,文化含义是指,"一切口头或书面语言行为和作品,包括今天的文学以及政治、哲学、历史、宗教等一般文化形态"[③]。由此,我们发现了文学的根本属性,"文学是意识形态的形式。作为意识形态的形式,文学具有普遍的属性,也具有特殊的属性。文学的普遍属性在于,它是一般意识形态的形式;文学的特殊属性在于,它是审美意识形态的形式"[④]。此外,通过对文学作品的内容研究,我们亦会发现文学的本质属性。有学者认为,"文学作品通过艺术形象直接或间接反映的社会生活,包含着一定的客观意义,具有客观性"[⑤]。还有学者指出,"文学作品的内容,是社会生活的反映,但又不是社会生活的纯客观的翻版,而是作家所感受、所认识的,并经过艺术加工改造了的社会生活,因而渗透着作者的思想感情和审美理想。文学作品的内容是客观(社会生活)和主观(人类的头脑)的辩证的统一,是深深打上了作者的立场和世界观的烙印的现实生活"[⑥]。

  人是一切社会关系的总和,只有从对社会关系即现实关系的描写和揭示中,才能更好地描写人,揭示人的性格实质。因此,马克思和恩格斯一贯主张"对现实关系的真实描写"。而恩格斯提出的"真实地再现典型环境中的典型人物"的命题,正与他们的一贯主张相统一。总之,文学典型是显示出特征的、富有艺术魅力的人物性格。近代法国伟大的雕塑家罗丹同样指出,"在艺术中,有'性格'的作品,才算是美的"[⑦],"美,就是性

[①] 董学文,陈诚."审美意识形态"文学本质论浅析[J].湖南师范大学社会科学学报,2006,35(3):106.
[②] 孔令然.《金色笔记》的事件性与文学本质阐释[J].外语学刊,2018(3):121.
[③] 童庆炳.文学理论教程[M].5版.北京:高等教育出版社,2015:56.
[④] 童庆炳.文学理论教程[M].5版.北京:高等教育出版社,2015:64.
[⑤] 曹廷华.文学概论(修订本)[M].2版.北京:高等教育出版社,1993:86.
[⑥] 吉林大学中文系文艺理论教研室.文学概论[M].长春:吉林人民出版社,1981:197.
[⑦] 罗丹.罗丹艺术论[M].葛塞尔,记.沈琪,译.吴作人,校.北京:人民美术出版社,1978:25.

格和表现"①。文学典型作为文学形象的高级形态,包含丰厚的历史内容,成为人类通过文学直观自身、认识生活的主要形式。它是写实型作品的最高的美学追求和理想的范型模式,是人类创造的艺术至境的形态之一。

　　叙事学理论对文艺的育德功能的生成产生了极其深刻的影响。早在20世纪20年代,建立在俄国形式主义和法国结构主义语言学基础上的叙事学理论被称为经典叙事学理论。俄国民俗学家弗拉基米尔·普洛普在其代表作《民间故事形态学》中提到的"叙事功能"的概念拉开了叙事学理论研究的序幕,指出叙事的序列安排对整个故事的意图表达的重要意义,以及叙事人物在不同情节中的行为范围、行为设置、行为功能。他超越了对具体作品经验的表层描述,把重点放在了探讨民间故事中的共同内部结构上,确立了构成故事的基本成分和单位——功能,为构建故事语法以探究人物之间的相互联结关系提供了可能,即这一理论体系为文艺育德中的文艺的撰写和安排提供了基础的参考范式。20世纪六七十年代叙事学家热奈特从时间、语体和语式上对叙述话语展开研究,系统总结文学叙事的普遍规律和具体形式。经典叙述学理论为文学理论的探索开创出一个新的维度,诸多学者对叙事作品内部的形式技巧、结构关系、运作规律等的静态共时性研究,对加强人们对作品叙事的现象认识、丰富作品欣赏的审美感受、提高作品评论的科学水平都具有开拓性的重要意义。文艺育德的文艺亦需要满足审美需求以及体现出追求真理的科学性。由此,热奈特对经典叙事学理论作出的贡献为文学作品何以具有审美特性和科学性指明了方向。20世纪90年代兴起的后现代叙事理论,对经典叙事学的局限性进行了反思与超越,推动了叙事学的进一步开拓与发展。后现代叙事理论在逐渐认可复杂性和差异性的过程中,在文本所处的领域之外寻求有益于自身发展的契合点,赋予叙事分析以意识形态张力,渗透了叙事文本语境与叙事功能建构之间的交互作用,使虚构叙事在历史视野中得到融合,顺应了文化全球化的发展趋势。

　　我国对叙事学的研究在20世纪80年代慢慢兴起,其中最有代表意义的是杨义先生所著的《中国叙事学》,他在导言中写道:"有必要采取实事求是的态度,深入地研究中国叙事文学的历史和现实,研究其本质特征,

---

① 罗丹.罗丹艺术论[M].葛塞尔,记.沈琪,译.吴作人,校.北京:人民美术出版社,1978:62.

并以西方理论作为参照,进行切切实实而又生机勃勃的中国与世界的对话。……以具有中国特色的叙事理论体系,去丰富人类在此领域的智慧。"①这种叙事通常是以物为线索、以人为线索、以思想变化和中心事件为文本的发展脉络,向读者传达文本所要表达的思想感情的变化。质言之,叙事是人类语言结构认知的一种方式,它既是对客观世界的现实映射,又是对叙事者自我的感性表达,更是受众置身于其中获得真切体验和感受的转述需要。在复杂的现实王国里,故事就是国王。叙事学理论丰富了中国文化的表现模式,在更加了解本国历史文化、注重外部环境发展、洞察世界文明潮流的立场上,为进一步把握文化理解方式、支配文本深层结构的多样表达、加强语言组织的感染力提供了科学的理论视野和理论资源,为文艺育德中的文学作品本身提供了理论支撑。

文艺育德功能的表现形式无疑与文学作品的表达方式密切相关,简言之,文学作品的表达方式即人们在写文章时所采用的反映社会生活、表达思想感情、介绍事物事理的方式手段。通常有记叙(叙述)、议论、抒情、描写和说明5种表达方式。这里重点讨论文学创作中叙述手法的运用形成的文学作品对人的思想道德,甚至是对人的整体素质的作用。

基于文艺创作过程中对叙事学的研究与发展,文艺育德功能的主要表现形式即以故事的形式来展现语言艺术的魅力。讲故事是思想文化传播的生动有效的方式之一。我国先秦诸子百家,大多善于通过事例和类比来传播思想主张。古希腊神话、圣经等也常通过寓言、比喻来传达道德、宗教方面的理念。

中国共产党人,在革命、建设和改革的各个时期,更是善于将讲故事的本领发挥到极致。我们要发挥文艺作品的育德功能,提升宣传思想工作实效性和主流意识形态话语权,把重要的道理和领导干部的行为准则通过通俗易懂的方式表达出来。

(二)空间性文艺育德

空间艺术一词源于德语Raumkunst。造型是空间艺术的必要手段和必备因素,造型艺术必然存在于一定空间中,因而空间艺术的本质是对造

---

①杨义.中国叙事学[M].北京:人民出版社,1997:1-2.

型艺术存在方式的把握。空间意识产生于视觉、触觉及运动觉中,一般来说,绘画的空间性质依靠视觉;雕塑和建筑除视觉外,还分别依靠触觉和运动觉。由视觉、触觉、运动觉产生的空间特性,几乎全部显示出绘画、雕塑等的空间性质。

绘画为具象空间或立体的平面表现,是平面艺术。它通过透视、色、明暗等手段,在平面上产生现实空间的假象。画面的空间分为前景(近景)、中景、后景(远景)3个层次,有时截然分开,有时亦混在一起。绘画艺术是最为主要的空间艺术抑或造型艺术,也是最常见的文艺育德的存在样态。回顾人类发展历史,我们很容易就能发现,人类社会早期的壁画、岩画,中世纪的宗教画,革命战争年代的宣传画,如今广为流行的漫画、插画、装饰画等都具有十分独到的育德功能。

大略言之,画家应深刻思考所选择的绘画题材,绘画的要义不是表面化地将许多形象画满一张画布,而是让画作中的形象像在自然中一样,自己"走入"画布中去。我们需要进行深刻的反思,为什么大多数绘画作品都有构思上的弱点,思想性贫乏,无法给人以强烈的震撼、深刻的刺激。艺术作品毫无疑问首先应具有审美功能,但也应反映出所属时代的社会存在,部分作品还应有主流价值观念的流露,起到培育和影响人的思想道德的作用。

换言之,艺术批评者认为画家应肩负作品具有的社会功能,而不是一堆毫无意义的空洞的颜色。而绘画所能凸显出的社会问题中的重要领域即当前社会中道德的现状,尤其是在关涉一些道德难题的时候,绘画作品更能以直观的手法将其表达出来。在中世纪时期,绘画成为宗教的婢女,但与此同时,在这一时期的绘画中我们不难发现即将产生的资产阶级思想的萌芽。达·芬奇的《蒙娜丽莎》《最后的晚餐》,米开朗琪罗的《最后的审判》,拉斐尔的《西斯廷圣母》《草地上的圣母子》等,这些绘画作品在很大程度上凸显出了人文主义的精神与思想,具体而言,这些画作往往反映出了"人性化的发展""对世俗生活的向往与赞美""充满人性的古典文化"等,体现了人类对真善美的美好生活的追求。

雕塑作为一种立体艺术,呈现为具象的物体形成,以实空间为主,伴随着虚空间。雕塑以主体的造型形象和空间形式反映现实,比起其他艺术形式,雕塑更凝练、更集中、更概括,被称为"凝固的舞蹈和诗句"。由于雕塑具有形象与材料统一的特点,人们在欣赏雕塑艺术时,不仅能用视觉器官去观赏它,还可以用触觉器官去接触。古代雕塑主要服务于宗教,以雕塑为载体宣扬宗教教义,多雕刻于洞窟和寺院中。现代城市雕塑作为公共艺术的重要组成部分,是在物质环境满足人类生存方式等基本需要,同时给环境注入人类意志、理念、情感和美感的综合性艺术,不仅美化了城市环境,还体现了城市文化,彰显了时代精神。诸如历史文化雕塑、历史人物雕塑等纪念性雕塑,往往是以历史上或现实生活中的人或事件为主题,亦可以是某种共同理念的永久性纪念等,这些雕塑不仅彰显着"仁义礼智信"等传统道德的积极意义,更是融合了当今社会主流价值观念的表达,对建设社会主义和谐社会、提升人们的道德精神素养等具有重要的影响力。

(三)时空性文艺育德

时空艺术泛指由几种艺术形式(通常是时间艺术和空间艺术)综合而成的艺术,一般指由语言、造型、表演三大艺术门类及相关技术综合而成的戏剧、电影等形式。有机统一是时空艺术最重要的特征,时空艺术中各种单一艺术的地位不是对等的,各种艺术之间常有主从关系。同时,时空艺术不是各类单一艺术审美特征的机械相加,其效果是整体大于局部之和。在各种艺术形式中,时空艺术的直观性决定了它与宣传、舆论工作的关系最为密切,时空艺术不仅可以直接为某种具体的宣传任务服务,而且影响面和效果胜过其他宣传形式和艺术形式。

戏剧是在舞台上由演员以对话和动作为主要表现手段,为观众当场表演故事情节的一门综合艺术。戏剧艺术作为二度创作的艺术,包括两个重要组成部分,即作为舞台演出基础的戏剧文学和演员创造舞台形象的表演艺术。作为戏剧艺术的主要类型之一,悲剧历来被认为是戏剧之冠,具有崇高的地位。亚里士多德认为,悲剧的主人公不应该是完美无缺的好人,也不应该是十恶不赦的坏人,而应该是和我们一样的常人。"这些人不具十分的美德,也不是十分的公正,他们之所以遭受不幸,不是因为本身的罪恶或邪恶,而是因为犯了某种错误。"①正如亚当·斯密在《道德情操论》中所解读的那样,人为何生发怜悯和同情的感情,是因为人经常会犯一些错误。黑格尔认为,悲剧的冲突双方是"绝对精神"外化、分裂后的产物。由于他们所体现的"是在人类意志领域中具有实体性的本身就有理由的一系列的力量"②,如人伦之爱、国家观念、宗教信仰等,因而悲剧都有一定的合理性。但是,由于他们都是以否定对方为条件来肯定自己的合理性,因而悲剧又都是片面的。恩格斯将其概括为:"历史的必然要求和这个要求实际上不可能实现之间的悲剧性的冲突。"③

作为戏剧的一种类型,悲剧常常通过正义的毁灭、英雄的牺牲或主人公苦难的命运,显示出人的巨大的精神力量和伟大人格,正如鲁迅所说,悲剧将人生的有价值的东西毁灭给人看。悲剧正是通过毁灭的形式来给观众的心灵造成巨大的震撼,使人们从悲痛中得到美的熏陶和净化。

戏剧除了具有时空艺术共同的审美特征外,还具有独特的戏剧性、剧场性。戏剧的中心应当是演员的表演艺术,演员扮演的角色应当是真实感人的舞台形象,这就要求演员的表演既要形似,更要神似,从而表现出角色独特的性格气质和内心世界。在演出时,剧场中演员与观众的感情可以直接交流,观众一方面欣赏舞台上演员的精彩表演,另一方面又以自己的情绪情感的反应直接影响着演员的表演,这种当堂反馈的现象构成了戏剧艺术的重要特点。因此,"人们毫无道理地认为纪念伟大人物是剧院使命的一部分;这种使命应由历史承担,而不是剧院的事。在剧院里我们应该学习的,不是这个或那个个别的人曾经做过什么,而是每一个具有特定性格的人在一定的环境里将要做什么"④。

电影是现代科学技术与艺术相结合的产物,其通过画面、声音和蒙太奇等电影语言,在银幕上创造出感性直观的形象,再现和表现生活。影视艺术具有极其鲜明的综合性,具体表现为:一是各门艺术的综合,二是科学与艺术的综合,三是美学层次上的综合。这种综合性,使得影视艺术成

---

① 亚里士多德.诗学[M].陈中梅,译注.北京:商务印书馆,1996:97.
② 黑格尔.美学:第三卷下册[M].朱光潜,译.北京:商务印书馆,2009:284.
③ 中共中央马克思恩格斯列宁斯大林著作编译局.马克思恩格斯选集:第四卷[M].3版.北京:人民出版社,2012:443.
④ 中国社会科学院文学研究所.文艺理论译丛(下)[M].北京:知识产权出版社,2010:696.

为一种集体创作的艺术,将编、导、演、摄、美、录、音、道、服、化等多个职能部门集合在一起,在导演的总体构思和制片人的宏观策划下来共同完成摄制任务。

影视艺术兼具艺术性与娱乐性、商品性与文化性,其作为时代的多棱镜与社会的万花筒,总是展现出一幅幅不同时代的社会生活的斑斓图景,而这也使得影视艺术具有鲜明的社会性与时代性。正如电影史学家让-米歇尔·付东所说,"法国人对待电影一直与众不同,这源于法国大革命……希望通过电影向全世界炫耀点什么,也就是'法国之光'"。因此,法国人坚信电影就是发光的灯塔,如埃菲尔铁塔一样,代表法国的文化,引领艺术的方向。不同于法国人的观点,"20世纪60年代以来非洲和拉丁美洲的很多国家和地区的人们认为电影院是一个类似于广场般的政治聚集空间,因此看电影是一种具有强烈政治意义、能塑造和凝聚认同的社会活动"①。在我国,广为人知的《白毛女》和《枯木逢春》,演绎了"旧社会把人变成鬼,新社会把鬼变成人"的历史寓言;以"妓女改造"为题材的《烟花女儿翻身记》和《姐姐妹妹站起来》也以不同的方式,展现了新的社会变革给被侮辱、被伤害的妓女带来的新生;以《女篮5号》《女飞行员》《碧空银花》《女跳水队员》等为代表的形形色色的体育片,不仅通过"运动的身体"来展现社会主义女性的精神面貌,而且克服了传统文化中有关女性不宜"抛头露面"的伦理精神的局限。

艾布拉姆斯曾以"镜"与"灯"隐喻两种重要的文学观,前者认为文学能够起到镜子的作用,反映、模仿真实世界,力求逼真写实;而后者则认为文学更似一盏灯,倾泻作家内心的思想情绪,把世界染上自己的色彩。而萨义德曾提出文本具有"在世性"(worldliness),认为文本存在于某些时间、空间、社会和情状之中,因此具有"在世性"②。电影是一种艺术再现与文化符号,电影中的演员是社会群体的代表,并代表人民在电影作品中"发声",这种代表分为"自我代表"和"他人代表",前者强调自己是被代表群体中的一员,后者则承认自己与被代表人之间的差异。其中,代表他人则是以中立客观的角色来反映与人物直接或者间接相关的社会现实问

---

① 陈涛.电影导论[M].北京:中国人民大学出版社,2017:4-5.
② SAID E W.The World, the Text, and the Critic[M].Cambridge, MA: Harvard University Press, 1983:34-35.

题。但是这种"再现"社会问题的电影经常较难说服人,尤其是在代表底层和代表边缘性群体时,往往会因其政治身份而具有一定的风险性——团结了少数边缘性群体的力量所换来的是为主流意识形态所拒绝和否定。在现实生活中,底层人民常常处于一种"无法说话"的境遇中,一方面缺乏表达自己的权利的能力;另一方面,他们缺乏表达的空间和路径,因此,这更加表明了"代表他人"的代表存在的重要意义。在这一维度上,电影中的演员身份兼具了更加现实的社会性的属性,是现实社会问题与矛盾通过艺术处理的手法在特定角色身上的集中体现,电影以此呼吁社会相关力量积极关注与解决某些问题。而在这一进程中,"他人代表"的演员的道德感一般会在问题与矛盾的解决中逐渐提升,由此积极影响电影之外的被代表的群体的道德感的提升。

进一步讲,"电影可以是改变或重塑现实的'锤子',它能够将破碎不堪的现实塑造成人们想要的样子。尤其,当人们对自身——'我'或者'我们'的历史和现状并不满意时,他们能够利用电影去创造新的生活"[1]。由此,产生了通过电影来提升人民的政治认同感的议题,正如当下存在的诸多以"红色电影的思想政治教育功能"等为论题的研究,通过电影作品中呈现出的文化传统、集体记忆、政治意识形态、社会区分机制等外在力量,参与"我们"的认同的构建。"在电影史上,很多电影都在政治、宗教、国族、种族、性别、阶级等认同的建构方面扮演了重要角色,它们有的对既定的社会观念和认同进行巩固,有的则质疑和反思了这样一种僵化的刻板印象。"[2]"对于观众来说,通过观影的行为,我们会思考各自身份/认同的议题,这过程本身就在重塑我们的认同。因此,我们的认同就是在各种文本的影响中被不断建构、消解和重构的,其中电影作品便是重要的文本。"[3]正如霍尔所说,"我们不应该把'身份'看成一个已经完成的事实,新的文化实践显示我们应当将'认同'看成是一个永远不会完成的作品,它总是在过程中,于再现中形成"[4]。

我们一般将"意识形态"看成是一种隐含于各种文本中,反映特定社

---

[1] 陈涛.电影导论[M].北京:中国人民大学出版社,2017:200.
[2] 陈涛.电影导论[M].北京:中国人民大学出版社,2017:208.
[3] 陈涛.电影导论[M].北京:中国人民大学出版社,2017:208.
[4] 陈涛.电影导论[M].北京:中国人民大学出版社,2017:208.

会、个人、群体或文化的价值体系。如青春电影中励志与梦想是常见的主题,这使人们常常将阳光、励志、梦想与青春联系在一起,而认为创伤、残酷和死亡等与青春毫无关系。电影所蕴含的这样一种奇特的力量便是意识形态性,每一个电影文本中的叙事和再现都是特定的观点和视角下的叙述和再现,都默默塑造着某一种认同并影响着我们看世界的方式。于是,我们在不知不觉中,自觉自愿地被各种隐含的意识形态支配和影响。作如是观,这是一种隐性的思想政治教育的过程,以电影这一艺术形式为思想政治教育实践活动的重要载体,使之发挥润物无声、春风化雨般的教育影响作用。

二、按照教育场域划分

（一）学校文艺育德

学校是有计划、有组织和有领导地进行系统教育的机构,不同历史时期的学校和不同意识形态中的学校所承载的历史使命是不同的。学校在西周被称为"辟雍",是少数奴隶主贵族读书的场所。在前文中,我们已论述过春秋战国时期学校主要是教授"六艺",且此后在"学而优则仕"思想的影响下,教学内容局限于儒家的经典。西汉时学校分为在中央设立的太学和地方设置的学宫,前者属于国家最高学府,相当于今天的大学。到19世纪末20世纪初,辛亥革命元老何子渊、丘逢甲等先贤成功创办新式学校,黄宗羲提出"公其非是于学校",认为学校不仅具有培养人才、改善社会风俗的职能,而且还应该具有议论国家政事之能。"人民教育家"陶行知的生活教育论在南京晓庄学校实践之时,还提出"要把学校的一切伸张到大自然去"。直至如今现代化的学校,培养人这一性质也没有变化,因为这才是学校的应有之义。只不过"培养人才"之内涵是非常丰富的,学校实施各类教育活动必然需要教育主体借助含有诸多教育内容的教育载体,而文艺载体从古至今一直是重要的教育活动的载体,尤其是在提升人的道德感的领域中,因为中华文化深受以"仁"为核心的儒家思想的影响。而儒家以修齐治平为逻辑、追求"内圣外王"式的君子哲学发展之道,首先重视的便是教育对人性、人的道德、伦理等方面的影响。通过学校教育,人们能够"化性起伪",祛除掉人性中的"恶"的成分,成为能够"为生民立命"的人。质言之,在学校的教育中,关于以文艺作品来塑造和培育理想人格的实例不胜枚举。

《朱舜水集·劝兴》云:敬教劝学,建国之大本;兴贤育才,为政之先务。

经济靠科技,科技靠人才,人才靠教育。近现代以来随着认识论哲学的转向,人的价值主体性被提升至较高的位置,学校不局限于为统治阶级培养其所需要的人才,而是更加注重人的自由全面发展。但实际上,随着时代的发展,学校教育亦遇到越来越多的问题。当下,由于教育竞争激烈,教育的筛选功能与培养功能完全脱节,教育有筛选无培养,或者说围绕筛选进行训练,这是对教育内在的育人逻辑的侵蚀。教育本身被扭曲成了各方利益博弈的赌场,赌资先是孩子的成绩和成就,其后是家庭的投入、经营以及相应的社会资源。在这种教育氛围中,家长往往会重视教育的能力训练而忽视教育对人的思想品德等的影响,投行、精英律所和咨询公司成为家长们普遍认为孩子最应该去的,实现所谓的人生价值的地方。这种过于看重客观考试成绩的教育体制机制,使得素质教育容易陷入口号式的空洞的呐喊困境中。而实际上,关于人格资本(personal capital),也就是我们所说的素质,譬如进取心、好奇心、勇气、持久力等,性格特征的教育缺失会造成人才的畸形发展。因此我们必须在学校教育中提高文艺育德所占比重,不仅仅是在思想政治教育课程中,还应在其他的知识性教育的课程中,以此真正打破应试教育的束缚,提升受教育对象的思想道德水平。

(二)社会文艺育德

受占主导地位的儒家思想的影响,中国人的传统思想观念呈现出以政治伦理为本位的特征,人们极为关心社会的政治和伦理道德问题。从儒家的"大同"到"小康"的社会假设和道家的"小国寡民"的社会假设中,我们可以看到中国人对理想社会与生存方式的期许和追求。在这样的社会理想中,中国人注重德性文化的社会氛围的建构。

"社会,是人生活的原野,是一切思想之根,艺术之源,创作之土壤。"[1]在社会中,存在着两对关系抑或说两对矛盾,即现实世界与艺术世界在逐渐疏离的表象中实现实质上的统一。一是生活的自由态和原生态与艺术的完整性和完美性的关系。纷繁复杂的社会中,出现了生活世界和艺术

---

[1]胡德培.艺术规律探微(续集)[M].北京:中国文联出版公司,1999:47.

世界的分野。在真实生活世界中生活的形形色色的人,以及千变万化的事,处于自由发展中,呈现出原生的自由自在的形态。而在艺术作品里,作者通过艺术手法构造的人物是精心挑选的,事件也是特意安排的,人和事都有一定的讲究、一定的布局,是一种符合审美意识和艺术规范的再生的创造形态。二是艺术的充分概括和想象与生活的散漫性和随意性的关系。生活一进入艺术的大门,就必须经过艺术思维的洗礼,即作者要充分发挥艺术概括力和想象力。艺术不是主观意志的随心所欲,而是有一定的规范的,要按一定的规律,根据一定的美学原则和艺术理想来处理和安排素材。即是说,作者一进入创作状态,就从深入生活时的积极参与和投入状态中跳出,用自己的美学观点和创作意识去观照生活、撷取生活,沉入创作的艺术构思中。艺术之道,在于巧妙地对生活进行艺术加工,在于艺术地表现生活,并成功地塑造典型,使生活与艺术协调,从而完美地再现于大众的面前。生活杂乱而有序,但与艺术的精巧和精美是有很大距离的,生活是美的,但这美与艺术之美明显不同。艺术之美是对生活之美的主观选择和精心创造。由此可见,生活与艺术的关系,是十分紧密的,也是变化万端的。但是源于生活又高于生活的艺术,总能给人以生活方式与存在状态的应然启发与引领。

作如是观,文学艺术经由文艺创作者,主观地在生活世界中发现美并进一步创造美,这种源于社会生活的美反过来又能引领人的生活,这说明了社会文艺育德可以普遍存在的根源。亚当·斯密在《道德情操论》中认为,以合宜为核心的美德体系在感性经验世界中需要将公正、良心、仁慈等作为参考系才能实现至善,在此过程中,参照系缺失会造成客观维度的道德情操的败坏,主要原因是兼具美德品质的"无偏的旁观者"(impartial spectator)仅存于想象中,因缺乏内在规范的道德判断而导致行为合宜性缺失。"人类在行动之时和行动之后对自己行为合宜性的看法是多么片面;对他们来说,要用任何一个公正的旁观者所会用的那种眼光来看待自己的行为又是多么困难。"[①]因此,我们要通过文艺育德,发挥大众文化传媒的作用,在遵循文艺事业与文艺产业的发展规律的前提下将主流价值观念注入其中,并通过各个能成为文艺育德主体的群体的有效的影响,在

---

①亚当·斯密.亚当·斯密文集[M].江文,编译.北京:中国戏剧出版社,2008:281.

使人们普遍受到文艺育德的滋养,建构良好的社会文化氛围的同时提升人们的个体道德素质,从而使得社会文艺育德在整个民族复兴的进程中占据重要的影响位置和发挥其应有的价值。

(三)家庭文艺育德

在人类文明的精神家园中,中华民族独领风骚、卓尔不群,历史悠久、成就辉煌。这无疑与中华民族的早慧有关,也与中华民族的韧性有关。早慧——既应感恩于自然的馈赠,也应感谢先民的聪颖睿智;韧性——既应感恩这片土地上历史的绵延,也应感谢华夏文明的包容。

古往今来,中华民族都是一个极其重视家庭的民族,家庭是中国人生活中最为重要的组成部分之一。中国人常说,"一屋不扫,何以扫天下""家和万事兴"。而这种对家庭的重视的重要原因源于中国传统社会的属性。中国传统社会是以血缘和纲常伦理建构起来的熟人社会,家庭是中国传统社会的重要细胞。

这种强烈的家庭观念首先基于祖先崇拜。何天爵是一名美国的传教士、外交官。于1869年来到中国,在教会学校任职,后在美国驻华使馆中工作多年。他在《真正的中国佬》一书中写道:"可以毫不夸张地说,在中国,人们对于祖宗的崇拜现象非常普遍,它渗透到社会的每个角落。施于每一个中国人,当然皈依基督教的人除外。……迄今为止我们发现,这个民族的历史有多长,他们祖宗崇拜的历史就有多长。在中国人的民族性中,那是他们所有的宗教形式中最源远流长、根深蒂固的内容。"[1]英国传教士麦高温在《中国人生活的明与暗》一书中认识,"如果要寻找一个对中国各社会阶层均具有巨大影响和统治作用的宗教力量,我们会发现:那就是祖先崇拜。在信仰领域中,没有谁可以替代它们的位置,哪怕只是一瞬间的。举例来说,一个人既可以崇拜偶像,也可以不崇拜偶像,既可以表明对偶像的信仰,也可以对它们持有完全的怀疑态度……然而,如果让他完全否认对祖先的崇拜,那么不仅仅是他的亲人,甚至他的邻居们都会对他抱以极为蔑视的态度。在中国,对某个人最刻毒,也是刺激最大的辱骂

---

[1]何天爵.真正的中国佬[M].鞠方安,译.北京:中华书局,2006:99.

就是嘲笑他没有祖先"①。这些论述从西方宗教信仰的角度去分析中国人的民族性,戴着一定的"文化优劣"的有色眼镜,但是从中我们也不难发现,中国人的祖先崇拜文化对家庭的重视。

祖先作为早慧的代名词,赋予民族以生机活力和灿烂智慧。但是,儒家并不只是规定了对祖先的祭拜礼仪,还规定了一套对待父母和其他长辈的方式,这就是"孝道"。"孝道"以生命为基础,认为子女的生命来自父母并和父母的生命结为一体。因此,子女的生活从整体上要以父母为榜样和目标。在父母子女之间,存在着一个"孝道"的链条。该"链条"规定,在人的一生中,行善即孝,作恶为不孝。可以说,中国人对长辈的尊敬、惧怕和以长者为中心的程度远远超过了世界上许多其他民族。中国传统道德教育的出发点也在于使晚辈孝敬父母。我们可以认为,敬老尊长是中国传统文化的一个明显的特征。因此,在古代,子孙努力求学,进修学识,然后做官,为国家做一番事业,同时使自己声名远播,在取得官爵的基础上,扬名显亲、荣耀门庭,是为恪尽"孝道"。

资本主义逻辑对人类社会发展的侵蚀集中表现为人的精神逐渐丧失批判和反思的力量,滑向虚无主义的深渊。在工业社会中,"为了抗击理性化的科层社会——工作的单调、闲暇时间的无聊、科学以及商业扼杀灵魂的实用倾向——人们需要艺术,就像需要宗教一样。艺术挺身而出,对抗骨子里与审美背道而驰的社会主流。艺术批评社会主流而且提供取代它的办法,或者说是解脱方法——为群众提供娱乐,即无神社会里麻醉人民的鸦片"②。这是因为,在"熟人社会"向"生人社会"急剧转变的过程中,人类交往方式的转变以及家庭生活新样态的出场,使得人们"更有可能在图书、电影、电视节目中寻找发泄情感的途径"③。尤其是作为组成社会集体的主要细胞,家庭的"没落"对社会的和谐稳定产生了剧烈的冲击和影响,原本承担着对年轻一代的启蒙教育责任的家庭的教化功能逐渐丧失,家庭教育与学校教育之间产生了不可调和的冲突和矛盾,年轻一代的精神状况呈现出脱节式的飞跃,而在教育对象对道德因素的发展的前提下而产生的"道德要素"的灌输难以真正直抵人心,这使得道德教育呈现出

---

① 麦高温.中国人生活的明与暗[M].朱涛,倪静,译.北京:中华书局,2006:74.
② 罗兰·斯特龙伯格.西方现代思想史[M].刘北成,赵国新,译.北京:中央编译出版社,2005:622.
③ 罗兰·斯特龙伯格.西方现代思想史[M].刘北成,赵国新,译.北京:中央编译出版社,2005:627.

苍白无力的状态,陷入了不知何以发展的困境中。因此,在这一意义上,我们必须强调家庭所应肩负的对年轻一代的道德教育的任务,家庭要在学校文艺育德的教育阶段前,有准备地根据需求接受系统的学校道德教育,如此,学校文艺育德也才能发挥出更大的效能和作用。

第三章
文艺育德的经典传承

　　文化是人类社会发展过程中人的一切实践活动及其产生的结果的集中体现,其中先进文化对社会发展起推动作用。中国共产党人积极主动地传承中华优秀传统文化中关于文艺育德的思想与理念,与此同时,廓清马克思主义文艺育德思想的发展与流变,基于中国实际,不断将现在的文艺育德与历史中的文艺育德融合发展。

一、中华优秀传统文化中文艺育德思想的沿袭理念

有着悠久历史的"中华优秀传统文化已经成为中华民族的基因"[1]，积淀着中华民族最深层次的精神追求，代表着中华民族独特的精神标识。传统，"是人类行为、思想和想象的产物，并且被代代相传"[2]。张岱年先生在其《论中国文化的基本精神》一文中将中国传统文化的基本精神主要概括为刚健有为、和与中、崇德利用、天人协调四个方面。"自强不息""厚德载物""德治天下""仁者爱人""大道之行，天下为公""以和为贵"，这些思想和理念使得中华文化具有崇德尚贤的伦理性、绵延不绝的强劲生命力、开放包容的自我革新性等鲜明的民族特色，彰显了其永不褪色的时代价值。"先秦儒家重'德'，……从个体人的言谈举止到社会整体的运转操作，先秦儒家都以'德'为核心予以了理想模式的设定，以'德'为核心进行了实践路径的建构。"[3]历经沧桑、经世致用的中华优秀传统文化对我们来说，受益而不觉，失之则难存，已经成为文艺育德的深厚源泉。

（一）先秦儒家"乐者，通伦理者也"的艺德统一

先秦时期，美学尚未成为专门的学问。但这一时期关于艺术与政治的关系问题的论述已经散见于著名的著作中，尤其是在诗歌方面。比如《诗经》，作为中国古代第一部诗歌总集，其中属于个人的创作寥寥无几，多数是周王朝所设的专职人员搜集、加工而成的作品。而推动人们去编写《诗经》的历史动机，也不是纯粹的审美需求，而是政治、教化、实用的功

---

[1] 习近平.习近平谈治国理政：第一卷[M].2版.北京：外文出版社，2018：170.
[2] 爱德华·希尔斯.论传统[M].傅铿，吕乐，译.2版.上海：上海人民出版社，2014：12.
[3] 沈壮海.思想政治教育的文化视野[M].北京：人民出版社，2005：136.

利性目的。

因此,基于中华传统文化与马克思主义相融合的视角,笔者从人学出发分析了思想政治教育何以产生。而对文艺育德在先秦时期是否存在的论证则是基于天人关系中的"人"或"生命"的角度,探求中华优秀传统文化在追求审美价值与人格塑造的过程中体现出的以文化人与以文育人。

以孔子为代表的先秦儒家文化是典型的德性文化,以"仁"为核心,于国家,强调以德治国,于社会,渴望构建大同,于个人,追求"君子"之境。尤其是孔子与其学生谈论如何成为君子的记载,不仅明确指出了仁德的含义,并且指出了诸如"主忠信,徙义,崇德也"之类的提升仁德修养的途径。因此在先秦儒家时期,在艺术发展中,这种德性文化渗透于当时的文学艺术之中,且"德"和"艺"之间存在紧密的辩证关系。正如沈壮海教授在《思想政治教育的文化视野》一书中所言,"德"被作为不可或缺的内在要因之一,注入了"艺"之中。他指出,传统儒家对"音"和"乐"不厌其烦地予以区分,其根由之一就是"乐"比"音"多了"德",渗透、涵养着先秦儒家所崇之"德"。实质上,在孔子与其弟子子夏谈论《诗经》时,子夏曾问:"'巧笑倩兮,美目盼兮,素以为绚兮。'何谓也?"孔子指出"绘事后素"。于是子夏追问:"礼后乎?"孔子认为子夏的问题启发了他。这说明,在一定意义上,儒家认为"德"先于"艺"而产生,"德"往往是"艺"的本体和内容。因此,"艺"是"德"的感性显现,最高的艺术境界便是"德"的境界,其中必然彰显着"德",以起到"化性起伪"的教育作用。质言之,正因为如此,"德"又是艺术所应彰示的根本内容。可以看出,"艺"应循于"德"、彰显"德",这是先秦儒家论"艺"的前提。

这种艺德统一的模式使其艺术具有"感人深""化人速"的作用,先秦儒家都特别喜欢借助"艺术"这一特殊载体。孔子设教,授六经,习"六艺"。六经者,诗、书、礼、易、乐、春秋;六艺者,礼、乐、射、御、书、数。其中,礼和乐即具有今天所说的艺术的性质,"因为行礼时须有仪式之美、礼器之美、服饰之美以及仪式进行中的左右周旋、进退俯仰,祷告赞唱,逐渐发展为音乐舞蹈之美。'乐'则早已定为'声文',乐奏'中和'之音,是'尽美矣,又尽善也'。礼、乐之所以与书、数、射御同列,是因为它们都须要通过一定的技艺才能实现。大凡须用一定的技术手段去实现的一切物质和精神的创造,都可归入'艺'的范畴,所以上至'天文历算',下至'图宅相冢'之'众术',全成为'艺术'了"①。

据史书记载,孔子对《诗经》的编写起到了重要作用,认为诗"可以兴,可以观,可以群,可以怨"。经过其审定整理后,后人可以通过阅读前人所留之"诗",明白"诗以言志",类比、暗示自己的心情和愿望,并且通过联想知晓他志而明己志。《左传》《孟子》《荀子》中有不少引"诗"之例,皆是引而"道志"。朱自清先生在《诗言志辨》中指出,当时的"诗"有四种作用,即献诗陈志、赋诗言志、教诗明志、作诗言志,他还说明了诗歌能从思想、感情多方面影响人的作用。《毛诗序》中写道:"诗者,志之所之也。在心为志,发言为诗。"这表明当时的诗歌是以文献的形式存在的咏"志"之文体,这与当时的社会意识形态不无关系。

可见,文学艺术兼有思想道德的教化功能这一点,早已为前贤所认识。对于社会政治制度的确立与完善乃至理想化,运用礼乐之文固然可以"昭德塞违",但立其根本,关键还在于人的作用。《毛诗序》的出现标志着诗作为一种历史文献的时代即将结束,而对后世影响巨大的体裁之诗即将登上中国文学的发展舞台。

(二)仁人君子追求真善美相统一的人生境界的审美意识

人生境界的问题是中国传统哲学十分重视的一个问题,正如冯友兰所认为,人生境界的学说是中国传统哲学中极有价值的内容。而这种以审美取向为向导的对人生境界的追求,实际就是在"生命体验"的"天人合一"的基础上追求圣贤人格的艺术人生。而"中国古代的审美实际上又是对自我人格的欣赏"②,"文化性质的精神化入人的生命,就成为一个人的人格。……文化、精神、生命的统一和凝聚,就是人格"③。

在人格塑造过程中诞生的美和美学艺术,都是在进行"生命体验"的过程中产生的。换言之,艺术的创作、美学理论的建构,都是从追求天人合一的人生境界中汲取的内容。天人关系的问题,贯穿着整个中国哲学

---

①陈良运.文与质·艺与道[M].北京:中国人民大学出版社,1992:147-148.
②成复旺.中国古代的人学与美学[M].北京:中国人民大学出版社,1992:1.
③成复旺.中国古代的人学与美学[M].北京:中国人民大学出版社,1992:18.

史,这是中华文化的特质。冯友兰指出,中国古代的"天"有五义,为物质之天、主宰之天、运命之天、自然之天、义理之天。①而中华文化中的天人合一命题的内涵也因时代和思想流派而异。张世英认为,"中国天人合一的思想可分为以下几个类型:一是儒家的有道德意义的'天'与人合一的思想;二是道家无道德意义的'道'与人合一的思想。儒家的天人合一又分为两类:一是发端于孟子、大成于宋明道学(理学)的天人相通的思想;二是汉代董仲舒的天人相类的思想。天人相通的思想复可分为两派:一是以朱熹为代表的所谓人受命于天、'与理为一'的思想;二是以王阳明为代表的'人心即天理'的思想"②。

儒家的天人合一思想中赓续最为久远的即是源于《易传》的"三才之道",即天、地、人三者及三者之间的关系法则或规律,简而言之,即天人关系的法则或规律。具体而言,天道即天德法则,为阴和阳,地道即地的法则,为柔和刚,人道即人的法则,为仁和义,它们各自都是由两种对立的因素构成的,故而构成了《易经》六画得到卦形,卦形交替运用阴阳、刚柔的六卦的章法。此外,先秦典籍中也有按照天人合一思想,运用"三才模式"进行判断预测的例证。《国语·越语》记载,越王勾践即位三年欲伐吴,范蠡进言:"夫国家之事,有持盈,有定倾,有节事。……持盈者与天,定倾者与人,节事者与地。……天时不作,弗为人客;人事不起,弗为之始。"范蠡就是把国家大事分为天、地、人三个相互联系的方面进行分析的。因此,"在中国传统文化的初始形成阶段,对于'天人合一'之三才思想的重视是十分普遍的,已经成为一种定型而普遍的思维模式"③。实际上,这种三才模式即是一种秩序意识,在审美方面也人们依此而行,任何事物的内容和形式、内部之美和外部之美,都在一定的审美秩序之中。也就是说,"优美的艺术是人们欲求和热爱的好的秩序的范例,而且它不是由严格的、呆板的规则所固定。因此,这种艺术不仅为教育人民去赏识和承认好的秩序提供卓越的工具,而且可以充当好的政治秩序的模型,这种政治秩序也不能

---

①冯友兰.中国哲学史[M].北京:中华书局,2014:54.
②张世英.天人之际——中西哲学的困惑与选择[M].北京:人民出版社,1995:14.
③徐永春.中国传统文化与思想政治教育[M].北京:光明日报出版社,2016:87.

还原为严格地规定我们所有行为的一成不变的法律或法规"①。

人和动物不同,"人的觉解照亮了宇宙",正如朱熹高度评价孔子,"天不生仲尼,万古长如夜"②。而人要对宇宙人生有所了解,其关键在于人本身进行的审美活动。"审美活动是人类的一项不可缺少的精神—文化活动,是人类的一种基本的生存活动,是人性的一项基本的价值需求。"③但是,"美"是在对浑圆无间的人生境界的追求中进行分割后产生的,审美意识本身即包含了对人的生命的宰制、割裂。天下皆知美之为美,斯恶已,人在意识到美的时候已经在破坏完整的生命状态了。因此,这里强调与阐述的审美意识不是对美的追求,而是在解蔽人原本的生命的完整的天人合一状态下所呈现出的美的存在。"作为人就意味着是一个自我;作为自我就意味着与其自身及其世界分离;而与其自身及其世界分离,则意味着处于不断的焦虑之中。这就是人类的困境。这一从根本上割裂主体与客体的自我,永远摇荡在万丈深渊里,找不到立足之处。"④因此,寻找人的精神家园、追求自由,就成了人类历史上一代又一代哲学家、文学家、艺术家的共同呼唤。

人类不同动物之处在于人的求知欲,人类求知的欲望使人成为有思想的人,在追求思想深度的同时实现一定的人生境界,只有这种人生境界才能使人从"人类的困境"中解脱出来。这种人生境界可以通过批判真善美的审美活动获得,因此,传统社会中的仁人君子希望在审美的觉解中追求"天人合一""万物一体"的境界,即一种超越"自我"的有限性的审美境界。在这一境界中,人在思考自己的存在"样法"时,追问人是其所是,这些体会与思考又构成了人的生存。由此实现往复循环,人的生命慢慢得到涵养,变得"大"了,直至与宇宙同声共气。这就是冯友兰的"天地境界",也是海德格尔的天地神人之四维存在。例如,在谈论自己的人生志向时,当子路、冉有、公西华均表明自己的宏图大志之后,曾点说道:"莫春者,春服既成,冠者五六人,童子六七人,浴乎沂,风乎舞雩,咏而归。"这反

---

① 理查德·舒斯特曼.生活即审美——审美经验和生活艺术[M].彭锋,等译.北京:北京大学出版社,2007:中译本前言 XⅦ.
② 张一新.《庄子》美学的现代解读[M].北京:中国书籍出版社,2020:220.
③ 叶朗.美学原理[M].北京:北京大学出版社,2009:13.
④ 阿部正雄.禅与西方思想[M].王雷泉,张汝伦,译.上海:上海译文出版社,1989:11.

映了其人生境界。魏晋时期的郭象认为,最高的心灵境界是一种"玄冥之境",即"玄同彼我,泯然与天下为一"的本体境界;宋明理学的宗师周敦颐则提出了"寻孔颜乐处"的问题,即一种超越功利、超越道德的精神境界。

综上可知,中国传统文化的缔造者们均在寻求一种超越自我的人生境界,以求实现人的自由。不同历史时期的仁人君子对人生境界的探求编织出了中国传统文化中关于审美传统的基因图谱,这对现代人的精神文化需求的满足和精神境界的提升有着深刻的影响,成为文艺育德的文化底蕴。在文艺育德实践活动中,这种人生境界的实现,需要通过蕴含至高的"美"的优秀文艺作品的后天教育、文化传承,其中很大一部分因素来自对优秀传统文化中的文艺作品承载的审美意识形态的内化和外化。

(三)中华民族家本位传统中关于家族文化的文艺育德

注重家庭关系的传统中国日常生活世界是一个血缘社会,一个亲情社会,一个复杂的人伦社会。中国人崇高的"家国情怀"体现在对"大家"(国家)的热爱是基于对"小家"(家庭)的热爱的。对"小家"的重视与热爱使得家族文化成为中华优秀传统文化中一道亮丽的风景线,注重家庭本位的中国社会在今天依旧受这一观念的影响。

家庭育德的最为核心的载体即是家书,三国时期曹丕的《典论》记载:"上书自陈,欲繁辞博称,则父子之间不文也;欲略言直说,则喜惧之心不达也。里语曰:'汝无自誉,观汝作家书。'言其难也。"曹丕文中的"家书"来自民间俚语,指家人或亲人之间往来的书信。时光流逝,鱼传尺素、鸿雁传书、目断鳞鸿已融入百姓的生活,升华为中国乡土文化的重要维度——家书文化。众多志士豪杰的慷慨遗言、大量文人墨客的千古绝唱、无数黎民百姓的浩叹欢歌,其中有很多都以家书的形式流传后世、昭示今人。这种家书有的不仅是我们现在理解的那种简单的书信或情感真挚的文学作品,还是真实可信的历史文献。"烽火连三月,家书抵万金""凭君莫射南来雁,恐有家书寄远人"……这些墨迹长存、余温犹在的经典诗词,既是先贤心系桑梓、寄情亲人的生动写照,也是后人珍视情感、滋润心田的文化镜鉴。

"一种价值观要真正发挥作用,必须融入社会生活,让人们在实践中感知它、领悟它。要注意把我们所提倡的与人们日常生活紧密联系起来,在落细、落小、落实上下功夫。"[1]社会主义核心价值观是整个社会倡导的主流价值观念,家庭作为社会的基本生活单位,是社会大家庭的重要组成部分。因此,作为社会构成细胞的家庭是贯彻和实现社会主义核心价值观落小、落细、落实的基本精神阵地。我们要加强家风建设,家风是社会最小单位的精神面貌的体现,良好的家风既有利于和谐社会的构建,又有利于推动精神文明的发展。而家书则是重要的家风建设路径,承载着时代精神,可以感染和鼓舞家庭单位中的个人。如《傅雷家书》,这是著名翻译家傅雷和他的夫人给傅聪、傅敏等人的家书摘编。这本书中洋溢着傅雷的人格精神。读这本书可以使我们懂得什么是爱,懂得什么是艺术,懂得一个真正有教养、有文化的人要有一种什么样的胸襟,一种什么样的气象,一种什么样的精神境界。在今天,我们更需要借助家书来弘扬社会主义核心价值观,通过家书的"绵绵细雨"来培育亲情、传承中华优秀文化、促进和谐社会的建设。而家书文化的传承不仅需要民间家书的作用,更需要名人家书的社会影响。其中一部分名人可以是文艺工作者抑或兼职文艺事业的人士,基于这一视角,文艺工作者不仅要创作蕴含时代精神的文艺作品,还要传承家书文化。通过家书这一文化载体发挥以文化人和以文育人的作用,是新时代思想政治教育创新发展的又一重要理念及要求。

家书作为家族精神的重要传承表现,往往要借助一些具体的形象进行表达。在中国家庭教化的发展史中,家族的信仰往往表现为将特定的图腾,并以绘画、雕塑的形象具象表达出来,赋予其家族精神。如,体现家族发展的绘画,以直接的具象的表达阐述家族的发展,尤其是家族发展进程中关于重大事件的绘画作品,往往成为家族精神及当时特定历史时期的主流价值观念的记载,对家庭成员的道德培育具有重要作用。如电影《花木兰》中,花家的家族信仰是"凤凰",凤凰作为花家的守护神,亦是在凸显女性的力量,即花木兰是雌雄莫辨的凤凰,具有不凡神力的后代,电影中的忠、勇、真以及孝的美德,与《山海经》中记载的凤凰的德义礼仁信相承传,具象为了花木兰所具有的凤凰的力量与德行。

---

[1]习近平.习近平谈治国理政[M].北京:外文出版社,2014:165.

二、马克思主义经典作家文艺育德思想的承续

任何一个理论体系都不可能是凭空产生出来的,它总是一个或一些理论家通过对自己置身于其中的总体思想资源的选择、组合、改造和原创性的阐释过程形成起来的,[1]即新的思想需要在一定的"思想酵素"中酝酿产生。20世纪20年代,马克思主义传入中国,共产主义道德学说在中国萌芽,逐步成为中国道德学说的主流,马克思主义文艺育德思想正是其集中体现。回溯历史,文艺育德真正产生于马克思、恩格斯,发展于列宁,创新于中国共产党人,在不同的时代融入不同的血液,最后成为21世纪促进思想政治教育创新发展的重要理论。

(一)马克思、恩格斯的文艺育德思想

马克思和恩格斯并未专门撰书立著来阐述文艺育德,其文艺育德思想分散地体现在他们卷帙浩繁的著作中。首先,可从马克思、恩格斯对待文学的态度上发现其文艺育德思想。

一是马克思、恩格斯受深厚家学渊源和早期人道主义教育的影响,产生了对欧洲浪漫主义的热情,并一生都游荡在荷马和莎士比亚等大师的"殿堂"中。凭借其良好的阅读习惯和独特的语言天赋,他们开始尝试写作,如马克思的幽默小说《斯科尔皮昂和费利克斯》和仅完成第一幕的剧本《乌兰内姆》,但由于这些作品均未完成,且带有明显的模仿痕迹,所以均不成功;恩格斯则决心以诗歌为武器,"把那些埋没在教堂和地牢的基石下、但在坚硬的地壳下敲击着、力求解放的精灵揭示出来"[2]。恩格斯借助其对文学艺术特点和规律的了解,在自由主义精神的引导下,借用民间

---

[1]俞吾金.问题域的转换——对马克思和黑格尔关系的当代解读[M].北京:人民出版社,2007:47.
[2]中共中央马克思恩格斯列宁斯大林著作编译局.马克思恩格斯全集:第四十一卷[M].北京:人民出版社,1982:535.

文学题材和素材,全面展开了对社会的批判。

尤其是马克思与恩格斯在晚年长期生活于英国,深受19世纪英国文学的影响。而这一时期的英国文学中社会主义的因素是十分丰富的:其一,是对现实的真实表现;其二,是对人道主义、良善道德的肯定与推崇;其三,是对资本主义社会的罪恶与阴暗面的揭示与批判;其四,是对工人阶级的生活、诉求和斗争的反映与肯定;其五,是对下层民众的同情,以及对他们品德的赞扬与肯定。严格地说,19世纪英国文学中的这些社会主义因素并没有真正达到社会主义的高度,但马克思主义经典作家并没有因此而苛求它们。这些因素在一定程度上是有利于无产阶级的事业的,从某种意义上说都是具有社会主义倾向的因素。[1]

马克思、恩格斯对现实主义的论述是其文艺育德思想中的重要内容。1844年,马克思、恩格斯合作完成了他们的第一部共同的著作《神圣家族,或对批判的批判所做的批判》,彻底清算了青年黑格尔派的唯心主义,与此同时,他们通过对小说《巴黎的秘密》[2]的评论,提出了十分鲜明的现实主义文艺观。在《英国资产阶级》一文中,马克思写道:"现代英国的一批杰出的小说家,他们在自己的卓越的、描写生动的书籍中向世界揭示的政治和社会真理,比一切职业政客、政论家和道德家加在一起所揭示的还要多。他们对资产阶级的各个阶层,从'最高尚的'食利者和认为从事任何工作都是庸俗不堪的资本家到小商贩和律师事务所的小职员,都进行了剖析。狄更斯、沙克莱、白朗特女士和加斯克耳夫人把他们描绘成怎样的人呢?把他们描绘成一些骄傲自负、口是心非、横行霸道和粗鲁无知的人;而文明世界用一针见血的讽刺诗印证了这一判决。这首诗就是:'上司跟前,奴性活现;对待下属,暴君一般。'"[3]1885年,恩格斯在致明娜·考茨基的信中指出:"如果一部具有社会主义倾向的小说,通过对现实关系的真实描写,来打破关于这些关系的流行的传统幻想,动摇资产阶级世界的乐观主义,不可避免地引起对于现存事物的永恒性的怀疑,那么,即使

---

[1]赵炎秋.马克思、恩格斯文艺思想与十九世纪英国文学[J].湖南师范大学社会科学学报,2018,47(2):34.
[2]系欧仁·苏的长篇小说,又译作《巴黎之神秘》。小说展现了19世纪三四十年代巴黎的社会生活,特别是巴黎社会底层的"秘密"。
[3]中共中央马克思恩格斯列宁斯大林著作编译局.马克思恩格斯全集:第十卷[M].北京:人民出版社,1962:686.

作者没有直接提出任何解决办法,甚至有时并没有明确地表明自己的立场,我认为这部小说也完全完成了自己的使命。"①历史的标准与美学的标准是马克思主义经典作家对于文学批评的最高标准。

　　基于19世纪的英国文学中的社会主义因素的影响以及马克思主义经典作家对这些时代文艺创作者的影响,马克思、恩格斯通过文学作品宣传其思想并鼓舞工人阶级进行革命运动。换言之,当时马克思、恩格斯创作这些文学作品的一大目的即是唤醒人们,敦促人们去争夺、去获取自由,他们的写作看见了"异化",把自由和美学联系了起来。虽然马克思、恩格斯的文学创作之路终结了,但是这也奠定了他们撰写理论文章的文字功底,同时对于欧洲文学大师的熟知,使得他们的写作可以信手拈来,应用但丁、莎士比亚、歌德、巴尔扎克等人的文艺理论和他们文学作品中对社会存在的生动反映,来揭示社会问题,如马克思在《1844年经济学哲学手稿》中应用莎士比亚《雅典的泰门》中的情节,"金子!黄黄的、发光的、宝贵的金子!……这东西,只这一点点儿,就可以使黑的变成白的,丑的变成美的;错的变成对的,卑贱变成尊贵,老人变成少年,懦夫变成勇士"②。马克思以此揭示了货币的本质,使无产阶级认识到货币的真正面目。

　　二是,毋庸置疑,他们终其一生都在寻找鼓舞、教育、引导、激励工人的精神武器,恩格斯曾高呼"只有在我国的文学中才能看出美好的未来"③。19世纪中叶,马克思、恩格斯在《德意志意识形态》中,阐释了文艺作为意识领域的一部分与客观现实社会的关系。在《〈政治经济学批判〉序言》中,马克思进一步强调"那些法律的、政治的、宗教的、艺术的或哲学的,简言之,意识形态的形式"④,着重指出了文艺的意识形态性质。并且,恩格斯进一步指出,"政治、法、哲学、宗教、文学、艺术等等的发展是以经济发展为基础的。但是,它们又都互相作用并对经济基础发生作用。并

---

① 中共中央马克思恩格斯列宁斯大林著作编译局.马克思恩格斯选集:第四卷[M].3版.北京:人民出版社,2012:579.
② 中共中央马克思恩格斯列宁斯大林著作编译局.马克思恩格斯全集:第四十二卷[M].北京:人民出版社,1979:151.
③ 中共中央马克思恩格斯列宁斯大林著作编译局.马克思恩格斯全集:第二卷[M].北京:人民出版社,1957:634.
④ 中共中央马克思恩格斯列宁斯大林著作编译局.马克思恩格斯选集:第二卷[M].2版.北京:人民出版社,1995:33.

非只有经济状况才是原因,才是积极的,其余一切都不过是消极的结果"①。这表明经济基础作用于上层建筑的产生,但政治、法律、哲学、宗教、文学、艺术等上层建筑也会反过来作用于经济基础。文艺作为上层建筑中的重要组成部分,对经济基础的发展起着十分重要的作用。马克思、恩格斯不仅揭示了文艺的本质属性,而且在具体的文艺创作方面也奠定了基础,如马克思在《第六届莱茵省议会的辩论(第一篇论文)》中指出,"作家当然必须挣钱才能生活,写作,但是他决不应该为了挣钱而生活,写作"②。作家绝不能把自己的作品看作生活的手段,为此,马克思、恩格斯认为无产阶级作家的作品应该能教育无产阶级认识自己的历史使命、鼓舞无产阶级的斗志、提高人的道德感等。质言之,马克思主义文艺育德思想的核心在于倡导无产阶级文学家创作优秀文学作品,并通过宣传使无产阶级认识自身的处境和历史使命,从而使人们投身于推翻资产阶级统治的革命运动。

(二)列宁的文艺育德思想

列宁认为,"克里木战争表明了农奴制俄国的腐败和无能"③。沙皇的失败,使他的君主专制制度在国内威信扫地,加速了1859—1861年革命形势的到来,促使农奴制危机加深并走向崩溃。直到俄国十月革命胜利,农奴制彻底粉碎和瓦解,列宁作为俄国无产阶级革命运动的导师,根据当时俄国革命的特点和无产阶级斗争的需要,充分吸收并发展了马克思主义文艺育德思想。列宁提出了关于两种民族文化的理论,指出"每一种民族文化中,都有两种民族文化"④,不仅有体现地主资产阶级利益和愿望的民族文化,而且"每个民族都有被剥削劳动群众,他们的生活条件必然会产生民主主义的和社会主义的意识形态"⑤。更为具体地讲,列宁对文艺

---

①中共中央马克思恩格斯列宁斯大林著作编译局.马克思恩格斯选集:第四卷[M].2版.北京:人民出版社,1995:732.
②中共中央马克思恩格斯列宁斯大林著作编译局.马克思恩格斯全集:第一卷[M].2版.北京:人民出版社,1995:192.
③列宁.列宁全集:第二十卷[M].中共中央马克思恩格斯列宁斯大林著作编译局,编译.2版.北京:人民出版社,2017:174.
④中共中央马克思恩格斯列宁斯大林著作编译局.列宁选集:第二卷[M].3版.北京:人民出版社,2012:344.
⑤中共中央马克思恩格斯列宁斯大林著作编译局.列宁选集:第二卷[M].3版.北京:人民出版社,2012:336.

育德理论体系最大的贡献在于,首次提出并阐述了在社会主义条件下文艺为什么人服务的问题。列宁认为,"它不是为饱食终日的贵妇人服务,不是为百无聊赖、胖得发愁的'一万个上层分子'服务,而是为千千万万劳动人民,为这些国家的精华、国家的力量、国家的未来服务"①。他强调文艺育德对党和人民在推进社会主义建设中的重要作用。列宁认为写作事业是无产阶级的重要工作,无产阶级的文艺要为提高劳动群众的文化素质服务。因此,列宁意识到文艺要教育无产阶级认识自己的历史使命,文艺要与各种错误文艺思潮做斗争,以确定无产阶级和人民群众的政治方向,并培养人们的革命乐观主义精神,提高青年的道德觉悟。同时,列宁强调无产阶级政党成为执政党后要加强对文艺的领导、组织和管理,要十分重视文化协会的成立等。概括而言,"列宁一生热爱文艺,并非常重视有关文艺事业发展的政策、理论、思潮等问题,写下了许多有关文艺问题的光辉著作并进行了大量的文艺批评实践。其文艺思想的主要内容包括文艺是革命和建设事业的一部分、两种民族文化学说、艺术反映论原则和文学党性原则、社会主义文化建设纲领等,他与文艺战线上各种错误倾向进行了坚决的斗争,为社会主义苏维埃时期的新文艺的建设指明了发展的道路,进一步丰富和发展了马克思主义文艺思想"②。

1905年初,俄国的人民革命运动逐步发展起来,革命失败后,俄国进入了黑暗的斯托雷平反动统治时期,直到1917年十月革命胜利后苏维埃政权建立,列宁的文艺育德思想是在特定的历史环境下产生的,这表明当时的环境与斗争需要其文艺育德思想,这种视角和精神成为后来中国共产党文艺育德思想形成的认识论和方法论基础。

(三)中国共产党文艺育德思想

中国共产党文艺育德思想经历了创立建构、曲折发展、改革发展和创新发展四个阶段,即立、守、得、新的四大历史征程。回顾中国共产党文艺育德思想的发展历程,我们要廓清中国共产党文艺育德思想的普遍遵循,

---

① 中共中央马克思恩格斯列宁斯大林著作编译局.列宁选集:第一卷[M].3版修订版.北京:人民出版社,2012:666.
② 张宪军,赵毅.简明中外文论辞典[M].成都:巴蜀书社,2015:9.

即从生成逻辑的维度厘清各个时代中国共产党文艺育德思想"变化"之中的"不变"因素,这亦是回答中国共产党文艺育德思想的价值追求问题的重要基础和前提。

1.立:1921—1956年,创立建构

马克思、恩格斯在对文艺的本质作出阐述之后,鼓励文艺工作者为工人阶级进行创作,即创作基于当时的社会背景以及现实主义的创作手法的,尤其是带有"社会主义倾向性"的文艺作品。中国共产党人是其文艺育德思想的接驳者。在20世纪30年代,中国左翼作家联盟,中国社会科学家、戏剧家、美术家、教育家联盟和电影、音乐小组等左翼文化团体成立,这支左翼文化新军在党的领导下,积极从事马克思主义的宣传与革命文艺创作等活动,形成了一个很有声势和实力的文化运动。[1]因此,文艺育德从一开始便从实践的维度进入了人民大众的视野。比如,当时文化革命的主将鲁迅同党保持着密切联系,写了大量文章,揭穿了地主买办集团的媚外独裁的面目、可耻的不抵抗主义、残酷的文化"围剿",并且批评了当时的文化界存在的种种"左"的倾向。毛泽东同志认为,"鲁迅是在文化战线上,代表全民族的大多数,向着敌人冲锋陷阵的最正确、最勇敢、最坚决、最忠实、最热忱的空前的民族英雄。鲁迅的方向,就是中华民族新文化的方向"[2]。再比如,党对《生活》周刊主编邹韬奋的帮助。九一八事变后,邹韬奋在共产党员胡愈之等人的帮助下,很快走上了抗日救亡的道路,靠近了党,其言论在青年中产生了极其广泛的影响。而鲁迅、瞿秋白、茅盾、周扬等人的一些文章,分别在黎烈文主编的《申报》副刊《自由谈》、傅东华等主编的《文学》上发表。[3]左翼文化运动锻炼出了一支坚强的革命文化队伍,这支队伍也成为党在思想理论界与文艺界的骨干力量。

中共中央在1942年5月召开延安文艺座谈会,毛泽东同志全面总结了五四运动以来中国革命文艺运动的历史经验,深刻阐明和发展了马克思主义的文艺理论,为中国革命文艺的发展指明了正确方向。毛泽东强调,"为什么人的问题,是一个根本的问题,原则的问题"[4],"我们的文学艺

---

[1]中共中央党史研究室.中国共产党的九十年:新民主主义革命时期[M].北京:中共党史出版社,2016:149.
[2]毛泽东.毛泽东选集:第二卷[M].2版.北京:人民出版社,1991:698.
[3]中共中央党史研究室.中国共产党的九十年:新民主主义革命时期[M].北京:中共党史出版社,2016:149-150.
[4]毛泽东.毛泽东选集:第三卷[M].2版.北京:人民出版社,1991:857.

术都是为人民大众的,首先是为工农兵的"①。延安文艺座谈会以后,广大文艺工作者纷纷走向抗战前线,深入群众生活,创作了大量的优秀文艺作品,如《白毛女》《兄妹开荒》《逼上梁山》《王贵与李香香》等一大批反映现实生活的群众喜闻乐见的优秀作品。这些作品中体现出了人民需要文艺与文艺需要人民的辩证关系,为人民群众提供了那个时代所能提供的丰裕的精神文化资料,唤醒了劳苦大众的革命意识与激情斗志,提升了人民的道德素质。

马克思主义文艺育德思想作为马克思主义理论的重要组成部分,与新中国成立后的社会主义过渡时期有着密切联系。在中国共产党领导全国各族人民群众进行了多年的浴血奋战后,中国人民终于站立起来。在此过程中,毛泽东同志格外重视把马克思主义理论同中国的具体国情相结合,并将政治工作提到一切经济工作的"生命线"的高度。为使"三大法宝"中的统一战线能发挥最大作用,毛泽东同志将文艺载体纳入思想政治工作系统中,由此去团结一切能够团结的力量,使"东方睡狮"苏醒并屹立于世界东方。毛泽东同志在《新民主主义论》中指出,"一定的文化(当作观念形态的文化)是一定社会的政治和经济的反映,又给予伟大影响和作用于一定社会的政治和经济;而经济是基础,政治则是经济的集中的表现。这是我们对于文化和政治、经济的关系及政治和经济的关系的基本观点"②。这表明了毛泽东同志对马克思主义文艺与经济、政治相互关系思想的继承和发展。早在新民主主义革命理论中,他就已明确提出,"革命文化,在革命前,是革命的思想准备;在革命中,是革命总战线中的一条必要和重要的战线"③。《在延安文艺座谈会上的讲话》中,毛泽东同志指出,"要战胜敌人,首先要依靠手里拿枪的军队。但是仅仅有这种军队是不够的,我们还要有文化的军队"④,文艺战线在团结人民、消灭敌人等各个方面,发挥了革命战线不可替代的作用,这标志其文艺育德思想的确立。质言之,以毛泽东同志为核心的党的第一代领导人的文艺育德思想,体现了对我国古代"文以载道"文化传统的批判继承和对马克思主义文艺

---

① 毛泽东.毛泽东选集:第三卷[M].2版.北京:人民出版社,1991:863.
② 毛泽东.毛泽东选集:第二卷[M].2版.北京:人民出版社,1991:663-664.
③ 毛泽东.毛泽东选集:第二卷[M].2版.北京:人民出版社,1991:708.
④ 毛泽东.毛泽东选集:第三卷[M].2版.北京:人民出版社,1991:847.

育德思想的中国化式的与时俱进的发展。

2.守：1957—1977年，曲折发展

毛泽东同志在社会主义建设理论中进一步指出，在党取得全国革命胜利、开始建设社会主义的新时期，文艺对于教育人民、提高干部群众思想觉悟至关重要。他亦提出党要领导文艺工作，认为"党的文艺工作，在党的整个革命工作中的位置，是确定了的，摆好了的；是服从党在一定革命时期内所规定的革命任务的"①。世界上无论哪一个国家，居于什么样的发展时代，均没有超阶级文化的存在，一定的文艺必然是在统治阶级的思想影响下发展的，并在一定程度上服务于统治阶级。我国高举马克思主义文艺大旗，在党管文艺发展的制度体制下，文艺与政治更是存在辩证统一的关系。为此，毛泽东同志在论及文艺和政治的关系时，提出"文艺是从属于政治的"，强调文艺为政治服务，这些观点产生于特定的革命战争时代的经济基础上，适用于指导当时中国共产党人和广大人民群众的运动，但由于社会意识具有相对的独立性，这些观点继续影响社会主义建设并逐渐被庸俗化，使文艺变成了政治的传声筒，由此产生了"文化大革命"的历史性错误。

3.得：1978—2012年，改革发展

中国共产党善于从鲜活的实践中总结经验教训，由此对文艺和政治的关系作出了新的概括，提出文艺应该"为人民服务，为社会主义服务"②的"二为"方向，使得党的思想政治教育工作重新回到实现人民全面发展和社会改革的历史舞台的中央。在充分回答社会主义向何处去的问题后，首要问题即是探讨如何建成一支强有力的队伍来指引中国特色社会主义朝着正确的方向发展。"三个代表"重要思想便是党回答"建设什么样的党，怎样建设党"的重大理论成果。文艺是建设社会主义精神文明的重要环节，在"四以"方针中占据重要地位，发展社会主义市场经济必须处理好社会效益和经济效益的关系，从而产生更好的文艺产品以影响和教化人民。党在探索中国特色社会主义道路的历史进程中提出了"科学发展观"。胡锦涛同志在中国文联第八次全国代表大会、中国作协第七次全国代表大会上的讲话中提出，文艺工作者要"风成化习，果行育德，……要牢

---

① 毛泽东.毛泽东选集：第三卷[M].2版.北京：人民出版社，1991：866.
② 中共中央文献研究室.十四大以来重要文献选编(中)[M].北京：人民出版社，1997：1885.

记自己的历史使命和庄严职责,……大力繁荣社会主义先进文化"①。文艺工作者要用社会主义先进文化引领社会进步,为人民抒写、为人民放歌,推进文化创造,弘扬文明道德风尚。

4. 新:2013年至今,创新发展

思想政治教育的内容形态不应只关注思想观念形态,还应关注到心理情感形态、精神品格形态、行为规范形态等,后者如何以艺术之美的形式表达,在满足人的精神回归需求的同时完成主流价值观念的灌输,这是21世纪初学者研究文艺与思想政治教育的关系问题的基点。中国特色社会主义进入新的历史方位,社会主要矛盾发生转变,但我党仍旧需要在现代性和后现代性交织叠加的中国社会中实现思想政治教育学科的转型。首先需要从以文学作品为代表的文艺形式中寻求出路,安置人的精神寄托,由此实现人的全面发展和和谐社会的建设。党的十八大以来,习近平总书记进一步强调以文化人、以文育人。2014年10月15日,习近平在文艺工作座谈会上的讲话中提出,"文艺是时代前进的号角,最能代表一个时代的风貌,……我国作家艺术家应该成为时代风气的先觉者、先行者、先倡者"②,"通过文艺作品传递真善美,传递向上向善的价值观,引导人们增强道德判断力和道德荣誉感,向往和追求讲道德、尊道德、守道德的生活"③。但当前思想政治教育活动中对文艺的思想政治教育功能的重视还是不够,文艺育德工作还存在许多不足,重娱乐、轻教育的现象普遍存在。

---

①中共中央文献研究室.十六大以来重要文献选编(下)[M].北京:中央文献出版社,2008:757-758.
②习近平.在文艺工作座谈会上的讲话[M].北京:人民出版社,2015:5-6.
③习近平.在文艺工作座谈会上的讲话[M].北京:人民出版社,2015:25.

第四章
文艺育德的他山之石

马克思、恩格斯在《德意志意识形态》中对全球化形成的过程进行了预测性描述，并认为这是历史发展的必然，"每一个单个人的解放的程度是与历史完全转变为世界历史的程度一致的。……只有这样，单个人才能摆脱种种民族局限和地域局限而同整个世界的生产（也同精神的生产）发生实际联系，才能获得利用全球的这种全面的生产（人们的创造）的能力"[1]。他们还在1848年发表的《共产党宣言》中指出："不断扩大产品销路的需要，驱使资产阶级奔走于全球各地。它必须到处落户，到处开发，到处建立联系。资产阶级，由于开拓了世界市场，使一切国家的生产和消费都成为世界性的了。"[2]这非常鲜明地彰显了马克思、恩格斯的世界历史思想，对人类社会发展的全球化趋势进行了科学的预测。与此同时，马克思、恩格斯对意识形态领域的全球化亦进行了明确的阐述，"各民族的精神产品成了公共的财产。民族的片面性和局限性日益成为不可能，于是由许多种民族的和地方的文学形成了一种世界的文学"[3]。这证明国家要取得发展必须进行开放包容的对外交流，历史已经证明了这一理论的真理性和科学性。

---

[1] 中共中央马克思恩格斯列宁斯大林著作编译局.马克思恩格斯选集：第一卷[M].3版.北京：人民出版社，2012：169.

[2] 中共中央马克思恩格斯列宁斯大林著作编译局.马克思恩格斯选集：第一卷[M].3版.北京：人民出版社，2012：404.

[3] 中共中央马克思恩格斯列宁斯大林著作编译局.马克思恩格斯选集：第一卷[M].3版.北京：人民出版社，2012：404.

一、古希腊时期的文艺育德思想

古希腊文明从古埃及与美索不达米亚存在了几千年的文化中汲取精华而诞生,古希腊人在文学艺术和纯知识领域均取得了极高的建树和成绩。尤其是"古希腊产生了对人类文明影响深远的神话、寓言、雕塑、建筑艺术,埃斯库罗斯、索福克勒斯、欧里庇得斯、阿里斯托芬的悲剧和喜剧是希腊艺术的经典之作"[1]。

(一)代表人物及其思想

神话故事和英雄传说最初以人们口耳相传的方式记录原始社会时期人类探索世界的奥秘。荷马史诗的《伊利亚特》和《奥德赛》以文字的形式记录了古希腊神话和英雄故事,成为西方文化发展的源头。荷马史诗对西方文明产生了深远的影响,"荷马史诗是古希腊文学辉煌的代表,两千年来一直被看作是欧洲叙事诗的典范"[2]。"史诗通过英雄形象的描写,表现了古希腊个体本位的文化价值观念。史诗中的英雄们视个人荣誉为第一生命,他们的行为动机都与个人的荣誉、爱情、财产、王位等分不开;他们的'冒险',也往往出于显示自己的勇敢、技艺、智慧和健美,是为了得到权力、利益、爱情和荣誉。在他们看来,与其默默无闻而长寿,不如在光荣的冒险中获得巨大而短促的欢乐。"[3]荷马史诗塑造了众多的英雄形象,他们以健康的体魄、坚忍的性格、超人的能力、悲壮的行为、优雅的风度,以及过人的才智和勇武,远远盖过天上的神祇们微弱的光彩。他们克服了自然的暴力、人间的强敌,象征着一种崇高伟大的人格,成为古希腊世界

---

[1] 习近平.在文艺工作座谈会上的讲话[M].北京:人民出版社,2015:3.
[2] 郑克鲁,蒋承勇.外国文学史(上)[M].3版.北京:高等教育出版社,2015:25.
[3] 郑克鲁,蒋承勇.外国文学史(上)[M].3版.北京:高等教育出版社,2015:28.

所尊崇的忠于理想的人格楷模和为人的尺度。荷马史诗表现出了强烈的英雄主义的理想,因此又被称为"英雄史诗"。

继此之后,三大悲剧《被缚的普罗米修斯》《俄狄浦斯王》《美狄亚》反映了当时的社会状况。埃斯库罗斯生于贵族之家,其作品《俄瑞斯忒亚》继承了荷马的带有浓烈悲剧色彩的世界观。埃斯库罗斯通过对阿特柔斯家族世仇的描述,深化了古希腊文学所一再强调的命运主题,表述了人的生存始终与痛苦相伴,受到灭顶之灾和常处于身不由己的状态之中,家族仇恨具有世代相传的特点,祖先欠下的血债将由子孙偿还。[1]此外,他的《奥列斯特》三部曲用戏剧的形式描写了没落的母权制与产生于英雄时代并获得胜利的父权制之间的斗争。同时期的悲剧家还有索福克勒斯,其作品《俄狄浦斯王》描写了人的意志和命运的矛盾冲突,表现了善良刚毅的英雄俄狄浦斯在和邪恶命运的搏斗中遭到不可避免的毁灭,歌颂了具有独立意志的人的勇敢坚强的斗争精神,反映了当时奴隶主民主派的思想特征。[2]阿提卡人奈萨耳科斯之子欧里庇得斯的作品《美狄亚》通过一个血腥的复仇事件,描写了一出家庭悲剧,提出了"妇女地位"的社会问题,表现了剧作者对妇女命运的关切和同情,歌颂了主人公为夺取平等权利的反抗斗争精神,反映了奴隶主民主制衰落时期社会道德沦丧,妇女遭受压迫的生活现实。[3]

与此同时,被苏珊·朗格称为人类第一艺术的舞蹈,也产生于这一时期。"有人把古希腊本土的舞蹈分成三种类型:诗、乐、舞三位一体的'荷马式舞蹈',发扬尚武精神的'斯巴达式舞蹈',以及赞颂太阳神阿波罗的理性精神、讴歌酒神狄俄尼索斯的狂欢精神和崇拜三女神的阴柔之美的'雅典式舞蹈',后者最能充分地体现感性迷狂的美学特征。"[4]

综上,在一定意义上,古希腊时期的人们主要是通过文学艺术的形式来深入了解社会现状的。古希腊文化的辉煌,早期以柏拉图为代表,继而以亚里士多德为代表,然后是普鲁塔克。"希腊人承认美和艺术可以在人

---

[1]郑克鲁,蒋承勇.外国文学史(上)[M].3版.北京:高等教育出版社,2015:36.
[2]郑克鲁,蒋承勇.外国文学史(上)[M].3版.北京:高等教育出版社,2015:38.
[3]郑克鲁,蒋承勇.外国文学史(上)[M].3版.北京:高等教育出版社,2015:42.
[4]陈炎.西方艺术中的感性迷狂[J].山东师范大学学报(人文社会科学版),2015,60(3):15.

的品格和伦理品行上发挥非常有力的构造性的影响。"①柏拉图以其"理式论"为分析基础,提出了非真实的"模仿说"来论证文艺和现实的关系,以揭示文艺的本质。他认为文艺的本质是模仿,模仿的客体只是感觉世界,不是理式世界,而感觉世界却不是真实体。他还认为"模仿艺术败坏人的品性,因为它们运用幻象和煽动情感以诉诸我们心灵的低劣部分,并激起情欲,这些都很可能会败坏品性并引发不合道德的行为"②。此外,他从"分有说"和"回忆说"的美学高度去分析文艺作品,认为创作的原动力是灵感。他对文艺的社会作用的界定与其政治思想和伦理思想密切相关。柏拉图认为文艺可以陶冶人的性情,美化人的心灵,可以培养人的审美趣味,提高人的鉴赏能力。在《理想国》中,他就强调美和艺术在创造公正时的至关重要的作用。因此,他倡导文学艺术家要能真正给人教育,使人得益。亚里士多德主张文艺要培养具有"共和政治"理想的城邦公民。这类人在社会中并不多见,而要成为这样一类人则需要去获得知识,包括从文艺中去获得真善美的统一。

(二)历史价值及当代意义

马克思在谈到古希腊艺术和史诗时指出:"一个成人不能再变成儿童,否则就变得稚气了。但是,儿童的天真不使他感到愉快吗?他自己不该努力在一个更高的阶梯上把自己的真实再现出来吗?在每一个时代,它的固有的性格不是在儿童的天性中纯真地复活着吗?为什么历史上的人类童年时代,在它发展得最完美的地方,不该作为永不复返的阶段而显示出永久的魅力呢?"③古希腊时期的诸多优秀作品,内容丰富,对当时的社会形态、思想观念、宗教活动、田园耕作、体育竞技、家庭生活、商品交换、风俗礼仪等,都进行了生动的描绘。正如荷马史诗对古希腊人来说更是具有百科全书的性质,其极为广阔地描绘了由氏族社会向奴隶社会过渡时期古希腊的社会生活和人们的精神面貌——英雄人物身上展现的只

---

① 理查德·舒斯特曼.生活即审美——审美经验和生活艺术[M].彭锋,等译.北京:北京大学出版社,2007:中译本前言ⅩⅥ.
② 理查德·舒斯特曼.生活即审美——审美经验和生活艺术[M].彭锋,等译.北京:北京大学出版社,2007:中译本前言ⅩⅦ.
③ 中共中央马克思恩格斯列宁斯大林著作编译局.马克思恩格斯选集:第二卷[M].北京:人民出版社,1972:114.

有在古希腊才具有的"儿童天真"的固有性格,表现出人类追求卓越和完美、本能的自我超越以及永恒的荣誉等特征。古希腊人从中吸取知识,接受教育。在整个古典时期,史诗成了古希腊教育和文化的基础。正如柏拉图在《理想国》里提到的,"荷马教育了希腊人"①。而荷马史诗和史诗系列是悲剧诗人们的创作源泉之一,古希腊悲剧基本取材于神话和传说,一般具有深远的历史、宗教和人文背景,探讨形而上的问题,把探索的触角指向伦理观的终端,探讨生活的意义,把人的生存看作是对智能和意志的挑战。②

这与我国先秦历史时期,诸子百家中的儒家追求的"圣人之境"有着殊途同归之意,两者均是在找寻人的精神家园在何处。"儒家的核心原则'礼'传达了通过将生活的不同实践礼仪化而从艺术上来塑造人生这个观念的本质,正如孔子强调达到'和为贵'的伦理—审美理想而不仅仅是服从一成不变的道德法规或戒律(《论语》1.12)。孔子还强调诸如诗、乐、礼和舞只要得到适当的研究和从事就可以成为有助于确立和保持那种(个人的和社会的)和谐的至关重要的方式。"③

综上,这一历史时期的主要文学作品,都表现了热爱生活、肯定和追求人的现世价值的积极乐观的人本思想,显示了古希腊文化乃至整个西方古典文化的一个重要特征,即重视生命对于个人的价值,具有很强的个体本位意识。这对于身处这一时期的人们的道德的影响至关重要,逐渐产生的阿喀琉斯式的自由放任与漫无矩度的个人主义,成为西方价值观念的重要体现,由此可见文学作品的社会功能及其对当时人民道德素质的影响。当下,我们的文学作品也需要歌颂与描绘英雄人物,但是需要摒弃个人主义,考察西方个人主义在当今给其社会带去的难以治愈的道德痼疾,亦对我们的文艺育德的"文艺"与"德"的要求有更为根源性的认识——从道德的起源考察道德与文艺之间的关系问题,即又回到前文中论述过的先秦艺德统一的思辨之中。

---

① 郑克鲁,蒋承勇.外国文学史(上)[M].3版.北京:高等教育出版社,2015:27.
② 郑克鲁,蒋承勇.外国文学史(上)[M].3版.北京:高等教育出版社,2015:34.
③ 理查德·舒斯特曼.生活即审美——审美经验和生活艺术[M].彭锋,等译.北京:北京大学出版社,2007:中译本前言ⅩⅧ.

二、中世纪及"文艺复兴"的文艺育德思想

马克思、恩格斯在《共产党宣言》中指出,"(从原始土地公有制解体以来)全部历史都是阶级斗争的历史"[①]。中世纪是个体的小生产阶段,以直接消费为消费的主要形式,商品生产处于形成过程中,"但是这时它本身已经包含着社会生产的无政府状态的萌芽"[②]。这一社会生产力水平发展状况决定的经济基础产生了中世纪独有的社会文化状况。中世纪是欧洲文学发展史上的黑暗时期。由于基督教在意识形态领域的统摄,无论是哲学还是文学都成了宗教神学的婢女。正如恩格斯在《德国农民战争》中所说的那样,"中世纪是从粗野的原始状态发展而来的。它把古代文明、古代哲学、政治和法律一扫而光,以便一切都从头做起。它从没落了的古代世界承受下来的唯一事物就是基督教和一些残破不全而且失掉文明的城市"[③]。

(一)代表人物及其思想

这一时期的黑暗现实被各类文艺作品记载,如老《艾达》中辑录的《女预言者的预言》反映出了古代斯堪的纳维亚人在大灾难面前普遍堕落进而道德败坏的时代环境,兄弟互相仇视、残杀,以及乱伦的现象。而《克腊卡之歌》更是表面上描写斯堪的纳维亚人把爱尔兰当作一个经常给他们提供战利品的国家,对腊格纳的功绩进行歌颂,实际上简述了整个北方民族的强盗式进军。除这些反映当时时代环境黑暗的写照以外,也不乏一

[①]中共中央马克思恩格斯列宁斯大林著作编译局.马克思恩格斯选集:第一卷[M].3版.北京:人民出版社,2012:380.
[②]中共中央马克思恩格斯列宁斯大林著作编译局.马克思恩格斯选集:第三卷[M].2版.北京:人民出版社,1995:758.
[③]中共中央马克思恩格斯列宁斯大林著作编译局.马克思恩格斯全集:第七卷[M].北京:人民出版社,1959:400.

些绝妙的文艺作品,如古丹麦的《英雄诗歌》中的《森林之王的女儿》和《约盎先生》。

文艺复兴运动的兴起使人们在中世纪的黑暗中逐渐看到一丝曙光,对这场首先在文学领域进行革命的社会变迁运动,恩格斯曾给予高度评价:这是"一个需要巨人而且产生了巨人——在思维能力、激情和性格方面,在多才多艺和学识渊博方面的巨人的时代"①。在文艺复兴运动中,有许多优秀的人物及作品,如意大利文艺复兴运动的杰出代表乔万尼·薄伽丘的《十日谈》,以丰富的生活知识和出色的艺术概括力,通过叙述故事、概括生活现象、描摹自然、描写细节、刻画心理,塑造了国王、贵族、骑士、僧侣、商人、学者、艺术家、农民、手工业者等不同阶层,展示出意大利广阔的社会生活画面,抒发了文艺复兴初期的人文主义和自由思想。《十日谈》的批判"实质上是新兴的资产阶级为了向强大的封建势力夺取自己的思想文化阵地而发动的一场进攻战。……欧洲文艺复兴运动正是以《十日谈》的嘹亮的号角声揭开了序幕的。……当然,'启后',新思想的表达,新世界的向往,是这部杰作的主要一面。后来法国启蒙时期的优秀作家,对于封建教会发起的批判更深刻、更彻底,资产阶级领导的宗教改革运动对于天主教会的神学批判,表达得更充分,但这些批判几乎都可以在几个世纪前这部巨著里找到它们的先声"②。又如,西班牙文学黄金时代的代表作家米盖尔·德·塞万提斯·萨阿维德拉的《堂吉诃德》,其"展现出来的人文主义思想,与作家实际的生活体验,以及时代不断发展息息相关。在塞万提斯创作时,西班牙正处于濒临崩溃的时代,而此时的欧洲其他国家迅速发展,各种人文主义思想也在快速传播。作家受到意大利文化的熏陶,以及阅读的各类作品,接触到了大量人文主义思想观念,为这部巨作奠定了思想基础"③。再如,欧洲文艺复兴时期的巨人、世界戏剧史上的泰斗威廉·莎士比亚的《哈姆莱特》,以中世纪的丹麦宫廷为背景,通过哈姆莱特为父复仇的故事,描绘了文艺复兴晚期英国和欧洲社会的真实面貌,表现了作者对文艺复兴运动的深刻反思以及对人的命运与前途的深切关注。

---

① 中共中央马克思恩格斯列宁斯大林著作编译局.马克思恩格斯选集:第四卷[M].2版.北京:人民出版社,1995:262.
② 方平."十日谈"和它的时代意义[J].名作欣赏,1980(2):13-14.
③ 周晓云.浅析《堂吉诃德》中的人文主义思想[J].哈尔滨学院学报,2020,41(2):66.

文艺复兴运动使欧洲进入了"人"的觉醒时代,人们对上帝的信仰开始动摇。在"个性解放"的旗帜下"为所欲为",这是当时的一种时代风尚。一方面,这是思想的大解放,从而推动了社会文明的发展;另一方面,尤其是到了文艺复兴晚期,随之产生的是私欲的泛滥和社会的混乱。面对这样一个热情而又混乱的时代,人到中年的莎士比亚,已不像早期那样沉湎于人文主义的理想给人带来的乐观与浪漫,而表现出对理想与进步背后的隐患的深入思考,《哈姆莱特》正是他对充满隐患和混乱的社会的一种审美观照。①

(二)历史价值及当代意义

文艺复兴运动,作为资产阶级反对封建的新文化运动,指引了近代西方文艺和文化的发展线路。文艺复兴时期的艺术家们的艺术创作中包孕着现代性的萌芽,人文主义保证了创造性、个性、自由和进步的诞生。在这一时期,"由于他们对世界的探索,他们的创新与孜孜不倦的实验,使他们成为现代世界观的创造者,他们从古典世界中汲取古典艺术的形式、古典学问以及丰富的神话主题,最终在15、16世纪创造了自己的世界,并持续着对艺术世界的影响"②。直言之,文艺复兴时期的文学作品的育德价值表明历代文学的主流都体现了相应时代的核心价值体系。文艺复兴时期的核心价值体系即是自由、民主和博爱,将人从中世纪的神学禁锢中解放出来,回归人的本性。欧洲文艺复兴时期的文艺作品大抵都包含当时的人所需要的这些人文价值,反映了社会中的进步阶级和阶层对社会所需要的人的培育,也宣扬了当时的价值理念。

学习这一时期的文艺育德,并不是学习当时的社会的核心价值体系,而是学习当时的文艺工作者怎么通过文艺作品来弘扬社会的核心价值体系。尤其是在社会变革中,当已有的传统文化遭遇外来文化和本国新生文化的冲击时,我们更应学习西方文艺复兴时期的文艺育德的手段和方式方法,使时代的核心价值体系得以弘扬,使主流意识形态得以巩固。

---

① 郑克鲁,蒋承勇.外国文学史(上)[M].3版.北京:高等教育出版社,2015:98.
② 方云华.艺术创造与知识运动——文艺复兴时期艺术作品中的人文主义影响[D].杭州:中国美术学院,2018.

三、近现代时期的文艺育德思想

西方的近现代时期以马克思主义史学观来划分则是在启蒙运动以后,其中二战是"现代"时期的划分节点。启蒙运动作为继文艺复兴运动后的又一次反封建的思想解放运动,其核心思想是"理性崇拜",为欧洲资产阶级革命做了思想准备和舆论宣传。

(一)代表人物及其思想

西方的近现代时期的文艺育德脱胎于启蒙运动时期,而在启蒙运动时期,不得不提的一条线索就是"浪漫主义"。[①]在一定程度上我们可以说,自18世纪后半叶至今的科学、艺术、文学乃至政治,都受到了广义上的浪漫主义的影响。浪漫主义的信奉者们蔑视习俗的束缚,他们富有朝气,充满热情,以审美标准而不是以功利标准来看待事物,他们看待道德问题也同样具有一种审美动机。而且他们在趣味上的变化也不同于前人,他们对幽灵、古堡、没落家族的后裔以及巫术、海盗等充满兴趣。浪漫主义最初在德国发展,19世纪初传入英国,以及在法国王朝复辟之后在法国流传开来,并且一直流传到维克多·雨果时代。这一为了使人格摆脱社会习俗和传统道德的束缚的思想运动,无不渗透在这一时期各个代表作家的作品中,无论是我们比较陌生的谢立丹的《情敌》、D.H.劳伦斯的《爱岛的男人》,还是熟悉的雨果的《巴黎圣母院》。浪漫主义通过文艺作品来宣扬自己尖锐的道德观,以谨慎为美德,把理智当武器,认为教育的主要目的是使人克制地展示热情。浪漫主义教人感知自己的孤独,它的

---

①18世纪,法国有教养的人士都推崇一种被称为"善感性"的气质。所谓善感性,意即多愁善感,特别指容易起同情心。具有这种气质的人往往会认为:穷人比富人更具有美德,他们不属于城市,也不属于工人阶层;贤士通常都是那些从腐败政权中抽身而退后隐居田园的人。

炽情激励人去对抗社会给人的种种束缚,彰显出了这一时期文艺作品中浸润的道德价值对世人的影响。而事实上,浪漫主义运动亦影响了青年时期的马克思和恩格斯,他们均试图成为一位杰出的文学家,在小说和诗歌领域做过努力的尝试,留下了一些探索文学之路的手迹,虽然最终均以失败告终。但是马克思、恩格斯对文学的热情和对文字的痴迷使其后期的理论风格呈现出力透纸背、气壮山河的宏阔气势。

而司汤达(又译斯丹达尔)开创了现实主义的道路和杰出的心理描写先河。其代表作品《红与黑》是一部具有强烈政治倾向性的小说,"红"可能象征着拿破仑时代,法国资产阶级革命的热血和丰功伟绩,而"黑"意味着复辟时期的王朝和教会的黑暗统治。[1]《红与黑》通过对主人公于连的形象的塑造以及对其行动的深刻心理分析,描绘了王政复辟时期激烈的政治斗争,全面地展现了当时法国从小城到省城直至京城的贵族、教会、资产阶级和贫民的精神面貌和心理状态。现实主义文学具有强烈的社会批判性。当时的社会现实让人们明白:启蒙主义者的"民主""自由""平等"与"博爱"并不存在,他们描绘的"理性王国"只不过是肥皂泡而已,浪漫主义者那脱离现实的"理想"也不过是画饼充饥。所以人们不得不用冷静的眼光来看现实的社会和思考人的命运的问题,从更现实的角度去寻求改善人的生存处境的方法。[2]

到了19世纪下半叶至20世纪初,法国开始逐渐兴起自然主义,其将艺术定义为某种深深地扎根于人类本性之中的东西。"艺术被视为产生于人的自然需要和本能冲动:一种寻求平衡、形式或有意义的表达的自然要求,一种追求增强的、审美的经验的渴望,这种经验给生物体的不仅是愉快,而且是一种更加充满生气的、提升的生存感。"[3]历史主义则认为艺术是西方现代性工程制造出来的一个特殊的历史文化体制。

---

[1] 郑克鲁,蒋承勇.外国文学史(上)[M].3版.北京:高等教育出版社,2015:258.
[2] 郑克鲁,蒋承勇.外国文学史(上)[M].3版.北京:高等教育出版社,2015:238-239.
[3] 理查德·舒斯特曼.生活即审美——审美经验和生活艺术[M].彭锋,等译.北京:北京大学出版社,2007:导言7.

(二)历史价值及当代意义

在现实主义的务实影响下,追求客观冷静的分析与解剖现实的社会心理和风气随之形成,浪漫主义的价值悬设在资本主义发展进程中不断产生的危机和泥淖中逐渐走向式微。马克思、恩格斯积极倡导现实主义的创作。现实主义摒弃浪漫主义的不切实际的幻象,"通过对社会作如实细致的描绘,揭露社会的黑暗,展示物挤压下人的各种心态,并倡导社会改良"[①]。19世纪的现实主义把文学作为分析与研究社会的手段,为人们提供了特定时代丰富多彩的社会历史画面,具有很高的认识价值;以人道主义思想为武器,深刻地揭露与批判社会的黑暗,同情下层人民的苦难,提倡社会改良。[②]

在自然主义与历史主义的争鸣中,历史主义逐渐占据了主导优势。"博物馆、画廊和其他艺术机构不只是展示艺术,它们也有助于创造出一种社会空间"[③],而"社会空间"在马克思主义的视域中与其所强调的"公共空间"是有部分重合的,是思想政治教育存在与发展的重要环境。在这种"社会空间"中,将文学以及其他的艺术形式作为育人、化人的重要载体,实现立德树人的根本目标,亦是思想政治教育实现灌输性和启发性、显性教育和隐性教育相统一的重要体现。更进一步说,现代美学强调艺术世界与现实领域的分野,认为艺术和现实之间只能发生间接作用。但杜威等经典实用主义的美学家认为艺术和社会生活不可分离,艺术和审美可以服务于自我完善的伦理追求。这种"伦理追求"正是思想政治教育内容中道德教育的重要目标,表明了文艺对人的道德化育的重要作用。从哲学中分离出的美学,同样坚守着对人类终极幸福的追求,而实现人的自由全面发展便是人类的终极幸福。为提升思想政治教育学科的实效性而借艺术和真善美之名增强思想政治教育的感染力和亲和力,需要从美学的视野中去思索,需要从文艺的场域中去践行,需要从文艺育德的实践活动中去落实。

---

① 郑克鲁,蒋承勇.外国文学史(上)[M].3版.北京:高等教育出版社,2015:239.
② 郑克鲁,蒋承勇.外国文学史(上)[M].3版.北京:高等教育出版社,2015:240-241.
③ 理查德·舒斯特曼.生活即审美——审美经验和生活艺术[M].彭锋,等译.北京:北京大学出版社,2007:导言8.

第五章
文艺育德的时代发展

　　进入新时代以来,习近平从优秀传统文化中汲取珍贵养分,并以文化强国建设的宝贵经验和鲜活实际为基础,赓续中国共产党人文艺育德的优良传统,坚持以人民为中心的发展思想,高度关注和重视在发展不平衡不协调的情况下人民的精神文化需求,以马克思主义文艺育德理论为思想源流,以思想政治教育的时代境遇为问题导向,提出并阐发了一系列重要的文艺育德论述。本章以深入爬梳习近平在文艺工作座谈会上的讲话和在中国文联十大、中国作协九大开幕式上的讲话等重要讲话内蕴的文艺育德思想为逻辑脉络,发掘文艺育德的时代意蕴。

一、文艺育德论的发展动力

思想政治教育作为党和国家的优良传统和政治优势,从"生命线"到"功能论",再到"价值论",始终发挥着重要的作用。伴随中国特色社会主义进入新时代而迈向新征程的思想政治教育,面临着新时代思想政治教育学科的实效性仍旧不高、两大文明和两种精神仍旧发展不协调、人民文化自信不足且自我全面发展的意识薄弱等现实问题。在新时代条件下,思想政治教育应因事而化、因时而进、因势而新,直面现实困境,肩负起时代使命。

(一)提升新时代思想政治教育的实效性

思想政治教育的实效性,即特定环境条件下思想政治教育的实际运作对思想政治教育目标的实现程度。思想政治教育的实践活动必然是在特定的历史条件下的社会行为,不同的历史条件和时期决定了思想政治教育活动实施环境的不同。思想政治教育活动的实施环境直接影响着思想政治教育的实效性,对思想政治教育可能起积极推动作用抑或消极阻碍作用。甚至在特定历史条件下,如"文化大革命"时期,思想政治教育环境的特殊性使得思想政治教育发挥了负功能,这与思想政治教育的目标和目的背道而驰,也使思想政治教育的实效性难以得到保障。当前,在宏观层面上,"新帝国主义统治"造成全球危机、极端民族主义的负面影响,以及多元文化交流交锋、相互激荡造成矛盾冲突等问题对以民族国家为背景的思想政治教育提出了挑战。国内改革正在深化,但发展不平衡不充分的问题不容轻视。这就需要思想政治教育学科为国家治理现代化定向导航、凝心聚力、解忧纾困。在中观层面上,思想政治教育与环境影响的向心力不一致,而社会环境中存在的各种消极因素和负面典型,特别是各种腐朽思潮和腐败分子,形成社会主义道德的离心力,弱化着思想政治教育的实效性。在微观层面上,处于更加复杂的社会实际与矛盾中的个体的思想活动独立性、选择性、多变性和差异性明显增强。综上,思想政治教育实效性的提升需要营造良好的社会氛围,其中主要的路径之一即是发挥文艺作品的社会功能,用充满正能量的文艺作品来宣传社会主义核心价值观,增强人们的文化自信,营造文化育人的氛围,建设风清气正、健康向上的思想政治教育环境。

除社会环境外,思想政治教育的实际运作系统的构成要素亦影响着思想政治教育活动的实效性,即思想政治教育的实际运作系统的构成要素决定了思想政治教育的整体情况,决定了思想政治教育的目标实现情况,只有每一个环节保持最优效能,思想政治教育的目标才能实现,其实效性才能得到提升。当下的思想政治教育活动存在以下问题:一是思想政治教育的队伍建设质量有待提升。思想政治教育的队伍由专职人员和兼职人员组成,但其中思想政治教育的兼职人员所占比例较低,在一定意义上如文艺工作者这样的兼职思想政治教育工作者并未被纳入思想政治教育队伍中,这也就造成了营造思想政治教育良好环境的困难。同时,在"课程思政"的理念中,授课教师不容易意识到其所教授的内容对受教育对象的道德、人格、心理等的影响。二是思想政治教育的核心内容存在争议。传统的思想政治教育的内容,一般过于理想化,偏离思想政治教育的现实取向,与受教育对象所处的生活实际脱节,且思想政治教育的内容形态多集中于对受教育者的政治思想的教育上。三是思想政治教育的方法存在偏差。教育方法的选择应随着社会与科技的发展进步而不断更新,应充分借助新的教学方式和教学手段,提升教育效果。但是目前,人们对传统的思想政治教育方法的运用仍旧存在不少问题,例如对"灌输"的认识与运用,部分思想政治教育工作者将灌输单纯地理解为一种教学的方式、方法,仍旧采用传统的"填鸭式"教学方法。各个构成要素的功能被弱化,因而思想政治教育的整体无法发挥最大优势,思想政治教育的目标难以实现,思想政治教育的实效性不高。

长期以来,造成思想政治教育实效性不高的主要原因在于思想政治教育作为一切工作的生命线,以社会为原点,找寻其存在的合法性基础。

在探寻思想政治教育的根源时,人们以马克思主义的人学理论为重要的理论基础,但在实际中往往是以社会发展为现实基础,由此思想政治教育产生了理论与实际的二元性结构,陷入了矛盾中,这遮蔽了思想政治教育之于人的自由全面发展的更多可操作性的内容的存在。解决这一矛盾,提升思想政治教育的实效性的重要方法在于凸显人的主体性价值,而隐性教育的手段可以使主体性价值得到充分发挥。因此,充分发挥社会主义文艺工作者的作用,使其做好思想政治教育的兼职人员工作,增加教育主体的丰富性,充分利用好文学作品,借助优秀文学作品的"真、善、美"的统一性,通过文学作品的典型形象的分享等进行隐性教育,通过感化的方式教导教育对象,筑牢社会主义理想信念和核心价值观等,不失为提升思想政治教育实效性的重要途径之一。

(二)繁荣社会主义文艺,夯实文化软实力

正如"文学是文化的重要载体,也是传播文化的有力手段"[1],社会主义文艺中除文学之外的其他艺术形式亦是时代文化的重要载体。因此,促进文艺事业发展能够直接推动中国特色社会主义文化的发展和文化强国建设,使得作为国家的灵魂和血脉的、凝聚对世界和生命的历史认知和现实感受的、积淀最深层次的精神追求和行为准则的优秀文化成为提升我国软实力的重要根基。

马克思"陷入"商品经济的旋涡而进行政治经济学的研究,在分析商品二因素和劳动二重性的基础上,对资本展开研究并发现了剩余价值学说,以此站立在"异化"现象的社会现实上,揭示了资本主义的基本矛盾并为现代性发展指出了社会主义的道路。中国的现代性作为现代性体系中的一种类型必然具有二律背反的本质特征,并在当代中国的现实发展中有所体现。如经济高速发展与生态环境严重破坏,物质生活富裕与精神世界贫乏,个体自由发展与社会道德滑坡,等等。这表明,关乎精神文明与道德建设的问题亟待解决,精神文明的发展必然要以蕴含时代精神的优秀文艺作品等为载体,但当下我国文艺领域中存在诸多的现实问题。

---

[1] 张炯.论马克思主义与文学[M].北京:中国社会科学出版社,2013:248.

其一,作为文艺育德生成前提的部分文艺工作者在市场经济大潮中迷失了方向,坚持以利益为创作中心,使文艺作品的社会效应与经济效应脱节,单纯追逐文艺作品的经济效应,由此产生了许多过度商业化包装的无思想、无营养的作品。正确的认识是,产品是反映我们的本质的镜子,劳动生产和审美欣赏都是统一的,而审美感受、审美欣赏也是社会性的,人通过劳动产品的对象化,同时也就是人的社会本质的对象化,人通过自己的产品的对象化就像用一面镜子折射出自己的本质。从内容和形式统一的角度去把握人化的自然,就会产生喜悦、产生美感。

其二,伴随媒介融合背景下的"主流化"与"多样化",中国网络文学如雨后春笋般覆盖中国大地,有人将网络文学的兴起称为"中国当代文学的第二次起航""跨世纪的大转折""中国文学千年未有之大变局"。网络文学在中国社会,尤其是在思想政治教育的重点对象之一——青年群体的精神生活中占据了重要位置,逐渐深入到了当代社会文化的深层肌理中。但需要注意的是,大多数网络文学研究是个人化的,不成系统的,是阳春白雪和下里巴人共存的,而文艺育德发生的载体必然是弘扬国家主旋律等的优秀文艺作品。为此,党的十九届五中全会要求围绕举旗帜、聚民心、育新人、兴文化、展形象的使命任务,促进满足人民文化需求和增强人民精神力量相统一,推进社会主义文化强国建设。中国社会科学院文学研究所网络文学研究室的成立对于网络文学的系统性、科学化发展具有深远影响和重大意义。

其三,"独立制片人、独立演员歌手、自由美术工作者等新的文艺群体十分活跃"[1],这些艺术主体是新时代文艺育德生成的基础,尤其是在大众文艺繁荣发展的社会中还充当着重要的育德主体。作如是观,在中国特色社会主义持续发展和完善的历史进程中,以文艺育德推进思想政治教育学科使命的完成,不仅需要"又红又专"的思政课教师和相关科研学者,也需要大有可为的文艺工作者。

---

[1]习近平.在文艺工作座谈会上的讲话[M].北京:人民出版社,2015:12.

(三)人民对美好生活与全面发展的追求

需要是人的生命活动的内在规定性,人在物的尺度和人的尺度相统一的变革自然的活动中,即生活中实现自身的发展和对幸福的追求。因此人"按照美的规律来构造"①,这亦是人与动物的本质性区别。要实现人的自由全面发展,必须在满足人的物质需求的基础上观照人的精神现状和精神发展。中国的基本国情发展情况决定了我们需要从两个方面来审视当下国人的精神现状,并找出具体策略。

一是关于乡土社会中人的全面发展。我国发展已进入新的历史方位,但是在新时代,在我国老少边远地区,由于生产力水平还不够高,发展不平衡不充分造成人们思想观念落后,仍旧保留着中国社会的乡土情结和乡土人情这一民族起源的传统。但是,这种具有狭隘地域性的个人由于缺少广泛的交往和联系,因而视野受到限制,观念也受到传统的束缚,其发展不是与现代文明相融,而是与愚昧、保守共存。只有克服这样的局限性,冲破地域性的限制,扩大交往,由"地域性的个人"转变为"普遍的个人",人才可能成为全面发展的人。为此,就需要劝服性传播发挥重要的作用,即普遍意义上的思想政治教育的宣传工作要发挥重要的作用。例如思想政治教育工作者利用乡村图书馆等,开展扫盲行动,改变不需要文字而停留在语言交流阶段的社会状况,在这一过程中思想政治教育工作者可充分借助文艺作品传播时代观念和主流意识形态,引领新风尚,解放人的思想。

二是关于城市社会中的人的全面发展。近代中国在不自觉地卷入资本主义与自觉地从苏俄引进马克思主义的双重叠加影响中,演变成为典型的混合社会,呈现出传统、现代与后现代的时空压缩性结构特征,这种由外到内的传导性社会变迁,以及人与人之间交往的非人性化限制了人的全面发展的实现。要不断满足城镇居民的精神文化需求,需要"政党中心主义"。开展思想理论教育,是马克思主义政党的本质要求,正如列宁认为,"对人民进行政治教育——这就是我们的旗帜,这就是全部哲学的

---

① 中共中央马克思恩格斯列宁斯大林著作编译局.马克思恩格斯选集:第一卷[M].3版.北京:人民出版社,2012:57.

意义"①。中国共产党人提出的"生命线"理论是马克思主义在中国的嬗变及理论接驳。而其中,文学艺术视域的思想政治教育实践活动则是能够满足人的审美需求的重要存在,亦是能够弘扬社会主流价值观念的重要载体,即社会思想政治教育的重要载体与手段。

这里将"人"分为乡土社会中的人和城市社会中的人,是根据中国实际而言的。在竭力消除社会发展中形成的二元对立结构的过程中,我们不能有意识地回避这一问题,而恰恰需要不断揭示、深度挖掘城乡差异背后的因素,尤其是生活在不同地域的人们的思想道德问题,换言之,区域经济发展水平对人们的思想道德观念会产生影响、老少边穷地区一些陈旧习俗仍有残留和解放思想仍旧任重而道远等问题,我们要看到二元对立的背后是什么。解决对立的根本举措是发展生产力,但是针对如何解决马太效应下的初心与现实的悖论问题,我们首先需要解决人民的思想道德困惑的问题。正如习近平总书记在《摆脱贫困》中所说的那样,一些地区贫困的实质性原因是人们的思想的贫困,"摆脱贫困"这个题目的意义首先在于摆脱意识和思路的"贫困"。

精神文明建设是实施脱贫攻坚战略的重要内容之一。习近平总书记历来重视精神文明建设工作。《建设好贫困地区的精神文明》一文指出,"物质文明建设和精神文明建设是贫困地区脱贫致富过程的两个方面。两者相互关联,相互协调,相互促进"②,我们要"把思想道德教育和科学文化建设贯穿于脱贫致富的整个过程"③,而"移风易俗,提倡文明的健康的生活方式是脱贫致富的必要条件"④。在1990年5月给宁德地直机关领导干部的临别赠言中,习近平写下"精神文明建设是社会主义建设的重要保证"⑤。由此可见,精神文明建设在他心中的地位与分量。实践证明,无论是在社会主义建设时期,还是在改革开放时期,精神文明建设始终是社会主义建设的重要组成部分。随着脱贫攻坚的完成,在乡村振兴的大背景下,精神文明建设必须要始终抓牢,且发挥其重要作用。

---

① 列宁.列宁全集:第十三卷[M].中共中央马克思恩格斯列宁斯大林著作编译局,编译.2版.北京:人民出版社,2017:169.
② 习近平.摆脱贫困[M].福州:福建人民出版社,1992:149.
③ 习近平.摆脱贫困[M].福州:福建人民出版社,1992:153.
④ 习近平.摆脱贫困[M].福州:福建人民出版社,1992:155.
⑤ 习近平.摆脱贫困[M].福州:福建人民出版社,1992:205.

二、文艺育德论的创新发展

党的十八大以来,习近平总书记站位高远,于文艺事业相关的各种讲话中明确了文艺的定位。文艺对塑造伟大精神具有不可替代的作用,而伟大精神是实现"两个一百年"奋斗目标和实现中华民族伟大复兴中国梦必不可少的精神力量。"思维着的精神"是物质"在地球上的最美的花朵"①,习近平关于文艺育德的重要论述是这一"花朵"的"果实"的重要体现,这一"果实"对"巩固马克思主义在意识形态领域的指导地位,培育和践行社会主义核心价值观,巩固全党全国各族人民团结奋斗的共同思想基础"②来说不可替代、大有可为。习近平关于文艺育德的重要论述围绕文艺的这些作用创造性地提出了一系列紧密联系、相互贯通的新思想、新观点、新论断,体现出了鲜明的实践特色、理论特色、民族特色和时代特色。

(一)开创了中国共产党人文艺育德思想的新境地

习近平关于文艺育德的重要论述是中华民族文以载道、以文化人在21世纪上半叶的体现,是中国共产党文艺育德思想发展的新境界。习近平关于文艺育德的重要论述中蕴含的新观点、新思想,无一不体现出中国共产党人与时俱进的创新精神。如,习近平关于文艺育德的重要论述在讨论中国共产党人文艺育德思想的传统问题——"为什么人""目标""主体"的问题——的基础上,提出了"以人民为中心的创作导向"这一体现于内容上的理论,这是习近平坚持以人民为中心的发展思想在文艺事业发展中的体现。再如,习近平关于文艺育德的重要论述基于马克思、恩格斯

---

①中共中央马克思恩格斯列宁斯大林著作编译局.马克思恩格斯选集:第三卷[M].北京:人民出版社,1972:462.
②中共中央文献研究室.习近平关于社会主义文化建设论述摘编[M].北京:中央文献出版社,2017:71.

的"美学观点"与"历史观点"提出将"艺术观点"作为文艺批评的原则。马克思的《〈政治经济学批判〉序言》中关于艺术形态形式的论述和马克思的《〈政治经济学批判〉导言》中关于艺术是人类从精神上掌握世界的一种方式的论述,指出了马克思主义文艺批评的基本原则,即"美学观点"与"历史观点"。

对文艺作品的审美特征的批评要用美学的观点,对文艺作品的意识形态性的批评要用历史的观点。而在文艺工作座谈会上,习近平提出,"要以马克思主义文艺理论为指导,继承创新中国古代文艺批评理论优秀遗产,批判借鉴现代西方文艺理论,打磨好批评这把'利器',把好文艺批评的方向盘,运用历史的、人民的、艺术的、美学的观点评判和鉴赏作品,在艺术质量和水平上敢于实事求是,对各种不良文艺作品、现象、思潮敢于表明态度,在大是大非问题上敢于表明立场,倡导说真话、讲道理,营造开展文艺批评的良好氛围"①。习近平在重提马克思主义文艺评论的原则之时开创性地提出了艺术观点,这是"新形势下艺术的原有精神性创作形态成为社会的艺术生产之后,文艺批评对文艺作品的评价不能仅仅只有美学的尺度和标准,而且必须有艺术生产的尺度和标准"②的体现。在社会的艺术生产成为事实而呈现在人们面前以后,在与美学观点联系的维度上单独提出把艺术观点作为马克思主义文艺批评的原则之一,这是时代的创新之举。

(二)坚持了马克思主义文艺育德思想的基本原则

习近平关于文艺育德的重要论述提出了许多新的观点和论断,但并未因此丢掉马克思主义文艺育德思想中一以贯之的精华部分。习近平延续了社会主义制度建立以来中国共产党人探索文艺育德的思想脉络,传承了马克思主义文艺育德思想的精髓要义。比如,马克思、恩格斯认为应该把工人阶级的斗争作为文学描写和歌颂的对象,并把人民利益作为评价作家作品的一条重要标准。③这表明马克思、恩格斯认为文艺需要人

---

① 习近平.在文艺工作座谈会上的讲话[M].北京:人民出版社,2015:30.
② 陆建德.马克思主义文艺理论研究(第5辑·2015)[M].北京:中国社会科学出版社,2016:41.
③ 李定清.元典的文学维度——马克思恩格斯文艺思想与欧洲文学[M].武汉:华中师范大学出版社,2014:270-271.

民,这里的"人民"主要指革命的无产阶级。后来列宁继承这一思想,也提出了文艺是革命无产阶级的文艺。毛泽东曾提出,"为什么人的问题,是一个根本的问题,原则的问题"①。邓小平指出,"我们的文艺属于人民"②。江泽民指出,要"在人民的历史创造中进行艺术的创造,在人民的进步中造就艺术的进步"③。胡锦涛认为,"只有把人民放在心中最高位置,永远同人民在一起,坚持以人民为中心的创作导向,艺术之树才能常青"④。习近平继承这一说法,强调了"坚持以人民为中心的创作导向"。但是其中对人民的理解更为宽广,在"人民需要文艺""文艺需要人民"和"文艺要热爱人民"的观念之外,我们也要讲好中国故事、传播好中国声音,让外国民众通过欣赏中国作家艺术家的作品来深化对中国的认识,增进对中国的了解。这是在国家化发展战略中不能忽视的一个重点。例如,自邓小平以来,文艺育德的目标基本围绕"新人"来制定,江泽民将目标扩展到了文化领域。我们要培育"新人",也要"发展面向现代化、面向世界、面向未来的,民族的科学的大众的社会主义文化"⑤。科学社会主义和思想政治教育学在不断发展,对于社会主义的思想、精神和价值的提炼也在不断发展,以取得新成果。习近平继承前人的思想,提出了文艺育德的目标,指出我国作家艺术家应"书写和记录人民的伟大实践、时代的进步要求,彰显信仰之美、崇高之美,弘扬中国精神、凝聚中国力量,鼓舞全国各族人民朝气蓬勃迈向未来"⑥。习近平充分继承和吸取马克思主义文艺育德思想中的精髓要义,且更多地着眼于当下,提出时代需要的文艺育德思想。

(三)根植于实践又对实践发挥着重大作用

"实践"是马克思主义哲学区别于其他哲学的最鲜明的特征。恩格斯在评论卡尔·倍克的《穷人之歌》时提出了文艺要歌颂革命无产者的重要

---

① 毛泽东.毛泽东选集:第三卷[M].2版.北京:人民出版社,1991:857.
② 邓小平.邓小平文选:第二卷[M].2版.北京:人民出版社,1994:209.
③ 中共中央文献研究室.江泽民论有中国特色社会主义(专题摘编)[M].北京:中央文献出版社,2002:388.
④ 中共中央文献研究室.十七大以来重要文献选编(下)[M].北京:中央文献出版社,2013:618.
⑤ 中共中央文献研究室.江泽民论有中国特色社会主义(专题摘编)[M].北京:中央文献出版社,2002:44.
⑥ 习近平.在文艺工作座谈会上的讲话[M].北京:人民出版社,2015:6.

原则。这是马克思、恩格斯对工人阶级文艺创作经验的总结。随着工人运动的高涨,工人阶级迫切需要文艺来表现并鼓舞自己的革命斗争,于是无产阶级文艺创作由此诞生。当时英国宪章运动中的《蒸汽王》(米德)、《人民之歌》(琼斯)、《反对地主主义的真凭实据》(林顿)等都是反映工人阶级斗争的诗歌。这种实践性体现在中国共产党人的文艺育德思想中,即根据中国具体国情,在革命、建设和改革的各个历史时期,创作时代需要的文艺作品。习近平强调,文学艺术"既要反映人民生产生活的伟大实践,也要反映人民喜怒哀乐的真情实感,从而让人民从身边的人和事中体会到人间真情和真谛,感受到世间大爱和大道"[①],他还强调"关在象牙塔里不会有持久的文艺灵感和创作激情"[②]。这表明,习近平关于文艺育德的重要论述极其强调文艺工作者创作的实践性,强调要从人民的伟大实践中观察人民的精神动态,"要提高阅读生活的能力,善于在幽微处发现美善、在阴影中看取光明"[③]。党的二十大报告指出,"坚持以人民为中心的创作导向,推出更多增强人民精神力量的优秀作品"[④]。培育造就优秀的文艺人才队伍势在必行。为此,文艺工作者要在深入生活、扎根人民中进行无愧于时代的文艺创造,并为此书写人民、讴歌英雄人物,再用有筋骨、有道德、有温度的文艺作品来激励人民、鼓舞人民,坚定人们的理想信念和共同的思想基础,使人们将社会主义核心价值观内化于心、外化于行等。社会主义文艺作品的创作要源于人民的实践,同时要指导人民的实践。

(四)积极吸收借鉴世界各民族的优秀文化

文艺作品要反映中国精神,21世纪上半叶的中国精神即是社会主义核心价值观,但是,我们也"不排斥学习借鉴世界优秀文化成果。我们社会主义文艺要繁荣发展起来,必须认真学习借鉴世界各国人民创造的优秀文艺"[⑤]。习近平总书记从自身出发,深刻体悟文艺的价值并始终关注

[①]习近平.在中国文联十大、中国作协九大开幕式上的讲话[M].北京:人民出版社,2016:11.
[②]习近平.在中国文联十大、中国作协九大开幕式上的讲话[M].北京:人民出版社,2016:11.
[③]习近平.在中国文联十大、中国作协九大开幕式上的讲话[M].北京:人民出版社,2016:14.
[④]习近平.高举中国特色社会主义伟大旗帜 为全面建设社会主义现代化国家而团结奋斗——在中国共产党第二十次全国代表大会上的报告[M].北京:人民出版社,2022:45.
[⑤]中共中央文献研究室.习近平关于社会主义文化建设论述摘编[M].北京:中央文献出版社,2017:167.

文学在国家交往、社会发展中的重要作用,认为文艺"是不同国家和民族相互了解和沟通的最好方式"①。如在访问俄罗斯时,习近平总书记谈到了年轻时读车尔尼雪夫斯基的《怎么办?》一书的感受。再如,在出访德国时,习近平总书记讲述了自己读《浮士德》的经历,"那时候,我在陕北农村插队,听说一个知青有《浮士德》这本书,就走了30里路去借这本书,后来他又走了30里路来取回这本书"②。

质言之,习近平总书记认为"文艺是世界语言,谈文艺,其实就是谈社会、谈人生,最容易相互理解、沟通心灵"③。因此,习近平以开放的视野强调"只有坚持洋为中用、开拓创新,做到中西合璧、融会贯通,我国文艺才能更好发展繁荣起来"④。正如自现代以来,白话文、现代小说、现代诗歌等都是借鉴国外、民族创造的成果。尤其是在新中国成立以后,我们学习借鉴苏联文艺,如普列汉诺夫的艺术理论,苏联的芭蕾舞、电影等。这些都深刻表明"当今世界是开放的世界,艺术也要在国际市场上竞争,没有竞争就没有生命力"⑤。所以我们也要从文学作品中寻求精神的支持和推动国家交往的重要力量。

---

① 习近平.在文艺工作座谈会上的讲话[M].北京:人民出版社,2015:8.
② 习近平.在文艺工作座谈会上的讲话[M].北京:人民出版社,2015:8.
③ 习近平.在文艺工作座谈会上的讲话[M].北京:人民出版社,2015:8.
④ 习近平.在文艺工作座谈会上的讲话[M].北京:人民出版社,2015:26.
⑤ 习近平.在文艺工作座谈会上的讲话[M].北京:人民出版社,2015:27.

三、文艺育德论的时代品性

习近平指出,"这是一个需要理论而且一定能够产生理论的时代,这是一个需要思想而且一定能够产生思想的时代"①。习近平关于文艺育德的重要论述的产生,是习近平对这一重要判断的切身回应。习近平关于文艺育德的重要论述产生在中国特色社会主义进入新的历史方位的新时代,其自身的生成逻辑和内容体系均使其具有鲜明的时代特征。

(一)彰显深厚真挚的人民情怀

中华民族博大精深、异彩斑斓的悠久历史文明中呈现着人类社会发展的普遍历史逻辑,这体现了普遍寓于特殊之中,特殊蕴含普遍的联系。"爱民""重民""尊民""亲民"的意识赓续至今,即是以人民为中心的发展思想。以习近平同志为核心的党的新一代领导人,站立时代潮头,扬弃中华民族五千多年漫长奋斗积累的文化养分,以马克思主义政治家的恢宏视野坚持人的主体性,将人的发展放在第一位。因此,新时代的文艺育德论彰显着深厚真挚的人民情怀。习近平关于文艺育德的重要论述彰显出的人民性体现在三个层面。

一是极度关注历史中的个人。劳动过程是人满足自己生存和生活需求,使自己获得主体性的过程。马克思以无产阶级的视角,从唯物史观的角度对"人类社会"做了深刻阐释,认为劳动创造了人,亦创建了人类社会。劳动在人类社会发展中具有基础性的作用。为了生存,人类必须生产劳动,以获得生存所必需的物质资料。这就是说,人类的劳动不仅加速了人成为人的进度,而且推动了人类社会的前进。在这一历史进程中,劳动是社会中的劳动,在物质生产劳动中人们会结成一定的社会关系,即产

---

①习近平.在哲学社会科学工作座谈会上的讲话[M].北京:人民出版社,2016:8.

生了社会,在其现实性上,社会就是个人彼此间关系的总和。这就表明,马克思主义中的劳动不再是(在以前的经济学家的视野中)仅仅指创造财富和资本的手段,而是成为一个人类学的范畴,具体而言,马克思将劳动定义为"自由的生命表现"[1]、"个人存在的积极实现"[2],以及人的"天然禀赋和精神目的的实现"[3]等。"但是,在存在着异化的条件下,人们往往只把宗教、政治、艺术、文学等等理解为人的本质力量的现实性和人的类活动,即理解为打开了的关于人的本质力量的书或人的感性的心理学。"[4]因此,艺术并不是一有劳动便能产生的存在,因为人类的劳动中很大一部分是谋生的劳动,而这种劳动只是在维持基本的机体健康与种的繁衍。质言之,不能以完全绝对的形而上的视角认为艺术源于劳动,而应认为人的劳动中包含某种艺术和审美的因素。随着人类生产力水平的总体发展,人们分离出单纯的精神生产的劳动,而蕴含艺术与审美因素的劳动则是精神生产劳动的重要组成部分。

新文艺育德论强调社会主义国家的文艺本质是人民的文艺,格外强调文艺工作者要抒写历史英雄,即书写典型人物,"典型人物所达到的高度,就是文艺作品的高度,也是时代的艺术高度"[5]。这些历史英雄是推动社会进步的主要力量,其身上自然承载着相应时代的主流思想和时代精神,因此必须加以歌颂。对历史人物的歌颂也是铭记历史、不忘历史的重要手段。

二是关注现实中的个人。新时代的中国共产党人具有强烈的问题意识和问题导向,必然会以马克思主义政治家的敏锐嗅觉关注人民的生活现状,这种生活现状中包含着人们的生产、劳动、分配、交换的各个环节,体现出人们的各类需要,如生存需要、享受需要和发展需要,人的需要具有本源性和社会性的特征,需要的全面现实化是人类解放和人的自由全

---

[1] 中共中央马克思恩格斯列宁斯大林著作编译局.马克思恩格斯全集:第四十二卷[M].北京:人民出版社,1979:38.
[2] 中共中央马克思恩格斯列宁斯大林著作编译局.马克思恩格斯全集:第四十二卷[M].北京:人民出版社,1979:28.
[3] 中共中央马克思恩格斯列宁斯大林著作编译局.马克思恩格斯全集:第四十二卷[M].北京:人民出版社,1979:28.
[4] 周忠厚,邹贤敏,印锡华,等.马克思主义文艺学思想发展史教程[M].北京:中国人民大学出版社,2002:9.编辑注:"人的类活动"疑为"人类活动"。
[5] 习近平.在中国文联十大、中国作协九大开幕式上的讲话[M].北京:人民出版社,2016:12.

面的发展的实质。关注人的发展需要主要是集中精力关注人的思想道德的发展,个体思想道德的发展是自身实现发展的终极因素之一。马斯洛将人的需要分为7个层次,而这里我们笼统地将人的需要归纳为物质需要和精神文化需要。新时代中国共产党对人的精神文化需要的高度关注是其文艺育德思想产生的重要原因,也正因此,这一思想体现着深厚的人民情怀,关注现实中的个人。"现实的个人"思想是马克思、恩格斯在《德意志意识形态》中所阐述的唯物史观的重要前提和出发点,也是思想政治教育的前提、途径和归宿。"这是一些现实的个人,……全部人类历史的第一个前提无疑是有生命的个人的存在。因此,第一个需要确认的事实就是这些个人的肉体组织以及由此产生的个人对其他自然的关系。"①"这里所说的个人不是他们自己或别人想象中的那种个人,而是现实中的个人,也就是说,这些个人是从事活动的,进行物质生产的,因而是在一定的物质的、不受他们任意支配的界限、前提和条件下活动着的。"②由此可见,"现实的个人"是有血有肉的人,是进行物质生产活动的人,是唯物史观的前提和出发点。

一方面,对"现实的个人",文艺创作者需要认识到,"作为确定的人,现实的人,你就有规定,就有使命,就有任务,至于你是否意识到这一点,那都是无所谓的。这个任务是由于你的需要及其与现存世界的联系而产生的"③。文艺创作要看当前人们需要什么样的文艺作品,正如习近平强调的,"走入生活、贴近人民,是艺术创作的基本态度"④。这些作品真实地反映社会的色彩、社会的情境、社会的韵味,才能真正满足人民当下的精神文化的需要。另一方面,对"现实的个人",文化育人中被陶染渐渍的普罗大众需要有自觉地以文来化育自己的意识。

三是关注未来中的个人。习近平关于文艺育德的重要论述依据现实需要产生,但不仅仅满足当下文艺事业发展的需要,还考虑到了未来的发展。这必然会使这一思想体现出对未来的人的关注。具体而言,要关注

---

① 中共中央马克思恩格斯列宁斯大林著作编译局.马克思恩格斯选集:第一卷[M].3版.北京:人民出版社,2012:146.
② 中共中央马克思恩格斯列宁斯大林著作编译局.马克思恩格斯选集:第一卷[M].3版.北京:人民出版社,2012:151.
③ 中共中央马克思恩格斯列宁斯大林著作编译局.马克思恩格斯全集:第三卷[M].北京:人民出版社,1960:329.
④ 习近平.在中国文联十大、中国作协九大开幕式上的讲话[M].北京:人民出版社,2016:12.

人的精神文化需求的发展趋势和人类整体进步的规律,创作出有思想、有灵魂的文艺精品,以此来满足乡土社会中和城市社会中的人的共同发展需求。唯有如此,我们才能培育出担当民族复兴重任的时代新人,才能在社会发展的历史进程中真正推动人的全面发展。

(二)蕴含肩负使命的担当精神

新文艺育德论展现出肩负使命的担当精神。一是体现出共产党人的担当精神。中国共产党是在"国破山河在"的民族诘问中产生的马克思主义政党,其产生的动因就已决定了共产党的性质和根本宗旨,而共产党人坚持不忘初心、牢记使命,不断践行其"为人民服务"的根本宗旨的内在动因即是共产党人伟大的担当精神。担当精神是共产党人最基本与最根本的精神动力,决定了共产党人其他伟大精神的产生与发展。文艺事业是党和人民的重要事业,文艺战线是党和人民的重要战线。担当精神体现在党领导下的社会主义文艺事业发展中,即"党的领导是社会主义文艺发展的根本保证。党的根本宗旨是全心全意为人民服务,文艺的根本宗旨也是为人民创作。把握了这个立足点,党和文艺的关系就能得到正确处理,就能准确把握党性和人民性的关系、政治立场和创作自由的关系"①。这就表明,中国共产党人铭记《共产党宣言》与建党时的信仰、理想、使命,以马克思主义拥趸的身份带领无产阶级为建立自由人的联合体、实现人的解放的崇高理想而奋斗,经过多年的伟大实践,中国共产党向资本主义世界证明了"其作始也简,其将毕也必巨"的一般规律,这也彰显了中国共产党人坚守初心的担当精神。

二是体现出思想政治教育肩负学科使命的担当。党的十九大明确指出,"经过长期努力,中国特色社会主义进入了新时代,这是我国发展新的历史方位"②。这也意味着思想政治教育将肩负21世纪新的学科使命。思想政治教育是运用马克思主义理论与方法,专门研究人们思想品德形成、发展和教育规律的学科,在我国革命、社会主义建设和改革开放的历

---

① 习近平.在文艺工作座谈会上的讲话[M].北京:人民出版社,2015:27.
② 习近平.决胜全面建成小康社会　夺取新时代中国特色社会主义伟大胜利——在中国共产党第十九次全国代表大会上的报告[M].北京:人民出版社,2017:10.

史进程中,发挥着"生命线""功能论""价值论"的重要作用,积累了丰富的实践经验和丰厚的理论成果,成为党和国家的优良传统和政治优势。新时代标志新发展、蕴含新起点、催生新使命、呼唤新作为。在新时代条件下,思想政治教育应因事而化、因时而进、因势而新,切实肩负起时代赋予的学科使命。思想政治教育的学科使命着重体现为培育和践行社会主义核心价值观、坚定人们的理想信念、坚定人们的文化自信等,以及培育担当民族复兴大任的时代新人。习近平关于文艺育德的重要论述对文艺事业发展的要求和战略规划希望文艺作品能够"给人以价值引导、精神引领、审美启迪"①,着重体现出隐性思想政治教育在思想政治教育整体中的分量,提升思想政治教育实效性。

三是体现出个人(文艺工作者、受教育者)的担当。鲁迅先生认为改造国人的精神世界,首推文艺。习近平强调,"我国作家艺术家应该成为时代风气的先觉者、先行者、先倡者,通过更多有筋骨、有道德、有温度的文艺作品,书写和记录人民的伟大实践、时代的进步要求,彰显信仰之美、崇高之美,弘扬中国精神、凝聚中国力量,鼓舞全国各族人民朝气蓬勃迈向未来"②。希望文艺工作者肩负时代使命,为社会主义、为人民的发展而进行创作。

(三)体现勇于探索的问题意识

问题是时代的声音。德国数学家希尔伯特曾感言:"只要一门科学分支能提出大量的问题,它就充满着生命力;而问题缺乏则预示着这门科学独立发展的衰亡或中止。"著名物理学家爱因斯坦曾经讲过,"提出一个问题往往要比解决一个问题更重要"。可以说,科学进步是由问题推动的,是在问题导向下实现的。问题是贯穿科学研究的主线,是真正的核心和灵魂。

党的十八大以来,以习近平同志为核心的党中央治国理政的重要特点在于直面矛盾、化解矛盾,善于针对问题、解决问题,从不回避矛盾和问题。习近平在中共十八届三中全会上指出,全面深化改革"要有强烈的问

---

① 习近平.在文艺工作座谈会上的讲话[M].北京:人民出版社,2015:11.
② 习近平.在文艺工作座谈会上的讲话[M].北京:人民出版社,2015:6.

题意识,以重大问题为导向,抓住关键问题进一步研究思考,着力推动解决我国发展面临的一系列突出矛盾和问题"①。习近平关于文艺育德的重要论述的内容体系呈现出的科学架构,即在以中华优秀文化为底蕴和坚持马克思主义指导的基础上始终以强烈的问题意识、问题导向分析、研究党情、国情和世情的深刻变化。质言之,习近平关于文艺育德的重要论述以我国文艺事业和思想政治教育等的现实困境为现实依据。当下,"五位一体"总体布局全面推进,"四个全面"战略布局共同发力,在新的发展理念的引领下,21世纪的中国特色社会主义彰显出前所未有的崭新活力和旺盛生命力。但这种情况下,我国许多领域依旧存在问题。习近平关于文艺育德的重要论述首先是从我国文艺领域发展中存在的现实问题出发。"在文艺创作方面,也存在着有数量缺质量、有'高原'缺'高峰'的现象,存在着抄袭模仿、千篇一律的问题,存在着机械化生产、快餐式消费的问题。"②这种"急功近利,竭泽而渔,粗制滥造"③的浮躁,是对文艺本身的伤害,也是对社会精神生活的一种伤害。在这种"浮躁"的氛围中创作的文艺作品,必然只注重经济效益而不注重社会效益。这种低俗的、仅仅满足感官享受的文艺作品,不会肩负相应的责任去培育和弘扬核心价值观念,坚定人们的共同理想、文化自信等,也必然不能运用于思想政治教育中,对隐性思想政治教育的发展毫无助推力,因此也不可能满足提升思想政治教育有效性的要求,更不能实现人的全面发展。这种文艺作品还会对社会主义文艺大发展大繁荣造成阻力,阻碍文化强国的建设和文化软实力的提升。

(四)展现踏石留印的务实作风

邓小平认为,"毛泽东思想的基本点就是实事求是,就是把马列主义的普遍原理同中国革命的具体实践相结合"④。中国特色社会主义理论体系的建构者充分坚持实事求是的工作作风,推动中国共产党文艺育德思想与时俱进发展。习近平沿袭这一务实作风,针对人民的精神文化现状,

---

① 习近平.习近平谈治国理政[M].北京:外文出版社,2014:74.
② 习近平.在文艺工作座谈会上的讲话[M].北京:人民出版社,2015:9.
③ 习近平.在文艺工作座谈会上的讲话[M].北京:人民出版社,2015:9.
④ 邓小平.邓小平文选:第二卷[M].2版.北京:人民出版社,1994:126.

享乐主义、拜金主义等的影响,思想道德观念滑坡、精神空虚等问题,提出了文艺育德的一些新论述。

人们需要能够满足精神文化需要的文艺作品,但当前的文艺界存在着肆无忌惮地追名逐利、只重视文艺作品的经济效益的问题,因此我们需要从上而下地深化改革。一方面,要强调加强思想道德建设。国无德不兴,人无德不立。道德是社会关系的基石,人际关系和谐的基础。就世界范围的各国发展经验来看,进入中等收入阶段后,社会道德会出现相应的阶段性变化,道德滑坡很容易成为社会转型的产物并构成社会发展的障碍。中国共产党人在长期的执政奋斗实践中深知道德建设的重要性。党的十八大以来,以习近平总书记为核心的党中央始终基于战略高度统筹谋划道德建设问题,强调要把弘扬中华民族传统美德、加强社会主义思想道德建设作为极为重要的战略任务来抓,为实现中华民族伟大复兴中国梦提供强大的精神动力和有力的道德支撑。党的十九大报告明确指出,"人民有信仰,国家有力量,民族有希望。要提高人民思想觉悟、道德水准、文明素养,提高全社会文明程度"[1]。党的二十大报告指出,"推进文化自信自强,铸就社会主义文化新辉煌"[2]。这就要求对人们进行理想信念教育、社会主义核心价值观教育、中华优秀传统文化教育、历史教育、生态文明教育等。而这一切时代所需要的道德建设要求均可以融入文艺作品中,发挥润物无声的隐性教育作用。另一方面,要充分尊重文艺发展规律,而不是将文艺单纯地当作为政治服务的工具。不管哪个时代,都不会有超阶级的文艺存在,社会主义文艺的发展必须坚持为社会主义服务、为人民服务的"二为"方向和百家争鸣、百花齐放的"双百"方针,由此,我们要规划和制定有利于社会主义文艺事业大发展大繁荣的体制机制。

---

[1]习近平.决胜全面建成小康社会 夺取新时代中国特色社会主义伟大胜利——在中国共产党第十九次全国代表大会上的报告[M].北京:人民出版社,2017:42.
[2]习近平.高举中国特色社会主义伟大旗帜 为全面建设社会主义现代化国家而团结奋斗——在中国共产党第二十次全国代表大会上的报告[M].北京:人民出版社,2022:42.

第六章
文艺育德的内容体系

习近平指出,"我们要坚持不忘本来、吸收外来、面向未来,在继承中转化,在学习中超越,创作更多体现中华文化精髓、反映中国人审美追求、传播当代中国价值观念、又符合世界进步潮流的优秀作品"[①]。其中的"本来""外来"和"未来"即是特定历史时期里文艺育德的内容体现,尤其是在21世纪文艺育德发展所处的环境中,对其发展趋势的预判,必然需要从"本来"与"外来"中获得相应的思想养料。

[①]习近平.在中国文联十大、中国作协九大开幕式上的讲话[M].北京:人民出版社,2016:10.

一、传统经典：道德教育亦需文化传统的血脉

人类历史是一群大文化组成的戏剧，中华民族素来重视文化，传统哲学对"道"和"理"的重视胜过其他一切形而下的器物。"优秀传统文化是一个国家、一个民族传承和发展的根本"[1]，正如儒家学说不但数千年如一日地支撑着东方文明，而且对当今西方一些地方也产生了明显的影响。

"古往今来，世界各民族无一例外受到其在各个历史发展阶段上产生的文艺精品和文艺巨匠的深刻影响。"[2]正如中华民族五千年来在其漫长的历史长河中产生了"老孔庄孟"、唐宋八大家、"鲁郭茅巴老曹"等灿若星辰的文艺大师；创造了诗经、楚辞、汉赋、唐诗、宋词、元曲、明清小说等绚烂辉煌的文艺精品；形成了国画中的气韵生动、文学中的余音绕梁、诗词中的意境深远、书法中的行云流水、戏曲中的"肖其本色"、雕塑中的"惟妙惟肖"等积淀深厚和特色鲜明的文艺思想。"中华优秀传统文化是中华民族的精神命脉，是涵养社会主义核心价值观的重要源泉，也是我们在世界文化激荡中站稳脚跟的坚实根基。"[3]宗白华早在多年前就曾提到，中国文化中"实有伟大优美的，万不可消灭。……中国以后的文化发展，还是极力发挥中国民族文化的'个性'，不专门模仿，模仿的东西是没有创造的结果的"[4]。习近平强调，"中华文化延续着我们国家和民族的精神血脉，既需要薪火相传、代代守护，也需要与时俱进、推陈出新"[5]。文艺作为文化的载体，对传统文化的继承和发展起着十分重要的作用。在新时代，以中华优秀传统文艺育德，实现以文化人、以文育人，并不是简单地以古人的审美替代现代人的审美，也不是将传统文艺思想生硬地植入现代文艺

---

[1]习近平.习近平谈治国理政:第二卷[M].北京:外文出版社,2017:313.
[2]习近平.在中国文联十大、中国作协九大开幕式上的讲话[M].北京:人民出版社,2016:6.
[3]习近平.在文艺工作座谈会上的讲话[M].北京:人民出版社,2015:25.
[4]宗白华.宗白华全集:第一卷[M].2版.合肥:安徽教育出版社,2008:321.
[5]习近平.在中国文联十大、中国作协九大开幕式上的讲话[M].北京:人民出版社,2016:15.

范畴,而是将传统优秀文艺与时代条件相结合,实现创新性发展和创造性转化,使之符合现代人的审美心理和价值追求。在内容上,文艺创作既要进入文本深处,更要进入时代深处;在形式上,既要穿上"时装",又要不失其原有的本真"味道"。

(一)儒家礼乐中蕴藏的德教传统承续的人人和谐

儒家重视通过礼乐教化来使人懂得做人的道理,达到道德上的自我约束和提升的目的。因此,在一定意义上我们可以认为,礼乐教化亦是以"仁"为核心的儒家文化的重要内核之一。由此,儒家认为"礼乐"可以发挥教化人心的功能,而其关键点则在于"乐"的"感动人心"的作用。从这种意义上而言,儒家的礼乐教育即是"一种以情感为核心的教育,而主要并不是一种'知'的教育,因为纯粹的'知'的教育容易使人变得单调乏味,而以情感为纽带的形式的审美教育和内容的道德教育统一的教育机制使人变得更加生机盎然,也是人的内在道德之美和外在形式之美的同时展现和发展"[1]。

质言之,儒家倡导的审美教育和道德教育的融合式教育的最终目的是实现"圣人"之境。为此目的,人应该坚持"内外兼修",礼乐文化的分工,即礼内、乐外。人外在的言谈举止,要通过礼来加以规范;而内在的德性以及和谐的性情,则要通过"乐"来提升。"教化"就是教育感化,寓教于礼,寓教于"乐",把教育理念隐含在具体的礼仪形式之中。把教育寓于德音雅乐之中,在音乐的陶冶之下使人潜移默化地被道德所感化。[2]其目的则是:"礼乐互补互济、内外交养,追求人生修养的德性之美与仪容规范之美的和谐统一。……能够通过教化人心达到社会的和谐,而且能够促进人类社会与天地自然的整体和谐,达到天人相通的自由的审美境界。"[3]

这种礼乐教育旨在使人形成诸如,范仲淹"先天下之忧而忧,后天下之乐而乐"、以天下为己任的宏阔胸怀,文天祥"人生自古谁无死,留取丹心照汗青"、舍己为国的赤胆忠心,周敦颐"出淤泥而不染"、矜而不争、群

---

[1]祖国华.论儒家"礼乐教化"思想及其当代价值[J].湖南大学学报(社会科学版),2009,23(6):95.
[2]祖国华.论儒家"礼乐教化"思想及其当代价值[J].湖南大学学报(社会科学版),2009,23(6):95.
[3]曾繁仁.儒家礼乐教化的现代解读[J].郑州大学学报(哲学社会科学版),2017,50(6):89.

而不党的洁身自好。而这些人无不是在追求"君子"之境的过程中实现了自己与他人的和谐。总的来说,儒家注重高层次的精神追求,倡导明道救世,以天下为己任。儒家从"内圣"与"外王"两个方面阐述了知识分子的理想人格,其所提出的圣贤都是道德上的楷模和精神上的典范,是一种德行人格的体现。在儒家看来,理想人格首先必须具有一种仁爱的精神,是仁、智、勇三者的结合。同时,它还必须具备奋发图强、自强不息的进取精神和经邦济世、建功立业的宏伟抱负,即"为天地立心,为生民立命,为往圣继绝学,为万世开太平"。

(二)释之真谛中包孕的智慈善仁的自身和谐

佛教认为人由名为"色蕴"的物质部分和名为"受蕴、想蕴、行蕴、识蕴"的精神部分的"五蕴"构成,由此所组成的人类生命,处在不断成长、不停衰老的过程中。其中蕴含着丰富的生命意识。这种生命意识拓展出此岸世界与彼岸世界的分野,人在前世、今世、来世的轮回之中,通过善恶因果、顿悟成佛实现生命的质的飞跃。《楞严经》说:"生死死生,生生死死,如旋火轮,未有休息。"因从不休息、生生不已的生命之流,又因八识田中所含藏的业力种子有善恶好丑的关系,而有六道等苦乐天渊的结果。

总的来说,佛教的生命意识中体现着"大彻大悟""大慈大悲""大德大义"和"自度度人"的人生境界。大彻大悟之智:彻底看破现实人生和寻找到摆脱现实人生苦恼的途径。大慈大悲之慈:彻底唤醒、拯救全人类的慈悲。大德大义之善:佛家人格与中国儒家人格的合流。自度度人之仁:拯救世人、普度众生。[①]

佛教的这种对个体境界的追求中爆发出的对生命哲学的思考体现着出世与避世的精神,因此与当下的主流价值观念存在一定的出入。但是这种充满智、慈、善、仁的修身智慧,在社会文艺育德的大环境中,尤其是对佛教信仰者的道德的发展具有重要作用,由此可以促进整个社会的健康良性的发展。

---

①宇文利,等.中国人的理想与信仰[M].北京:中国人民大学出版社,2018:42-43.

(三)道之无为中演绎的道法自然呈现的天人和谐

道家崇尚自然,追求自由的人生境界。认为宇宙万物都是由"道"派生出的,而"道"的特性是"法自然",即自然而然,它是包括人在内的宇宙万物存在与活动的法则。通而论之,老庄之"道",属于哲学范畴,是宇宙万物的本体,其内涵是自然无为。老子说:"人法地,地法天,天法道,道法自然。"这可以说是道家自然哲学的总纲,也是道家思想的核心。"道法自然"的本意在于说明道和天地万物都是以"自然无为"为法则的。"道"的本性是无知无欲、质朴无华的,如同婴儿一样,纯真自然。老子所谓"见素抱朴,少私寡欲",即道家的自然人性论的基本内涵。但是,人一降生于世,便陷入物的奴役之中,或为名,或为一种表现。老子指出,"祸莫大于不知足,咎莫大于欲得"。庄子也指出,"其耆欲深者,其天机浅"。正是由于人民对名利的争逐,人为物役,便失去了个体的自我独立与自由。正如庄子所说,"一受其成形,不亡以待尽。与物相刃相靡,其行尽如驰而莫之能止,不亦悲乎?终身役役而不见其成功,苶然疲役而不知其所归,可不哀邪!"。

在道家看来,人不仅会被物所役,而且还会被社会伦理规范所束缚,特别是儒家所倡导的仁义礼乐,更是束缚人的枷锁。老子认为"大道废,有仁义","夫礼者,忠信之薄,而乱之首"。庄子认为,"夫孝悌仁义,忠信贞廉,此皆自勉以役其德者也"。道家认为,"仁义"破坏了人的自然之性。因此,道家提出"少私寡欲"的主张以恢复人性的纯洁,认为人必须复归于"道"的本体,即复归于人的自然本性,这样才可以实现自己的理想人格。季羡林认为,"东方哲学中的'天人合一'思想,就是以综合思维为基础的。西方则是征服自然,对大自然穷追猛打。表面看来,他们在一段时间内是成功的,大自然被迫满足了他们的物质生活需求,日子越过越红火,但久而久之,却产生了以上种种危及人类生存的弊端。这是因为,大自然虽既非人格,亦非神格,却是能惩罚、善报复的,诸弊端就是报复与惩罚的结果"[①]。

在文艺育德实践活动中,对天人和谐的强调集中体现于生态文明观上,而"天人合一"的思想指出,建设生态文明,"应当提倡人道与天道一

---

① 季羡林.东学西渐与东化——为《东方论坛》"东学西渐"栏目而作[J].东方论坛,2004(5):4.

致、人道服从天道的思想。过分夸大人的作用,夸大人的能力,认为一切都可认识,一切都能把握,对外在力量缺少应有的了解和敬畏,必然出现为所欲为的言行,必然导致对生态文明的破坏,必然使得人类中心主义泛滥"①。与此同时,我们应当提倡崇高的道德境界,在经济社会发展进程中,平等待人,平等待物,提升人的精神境界。

总而言之,春秋战国时期的诸子百家,经过前期和中期的相互争鸣,在后期逐渐走向合流。至秦汉时期,儒道融合,综汇百家。而到了东汉后期,在佛教传入中国之后,儒释道三家相互吸纳又各自独立发展,又形成了三教并存的局面。

---

①李宗桂.生态文明与中国文化的天人合一思想[J].哲学动态,2012(6):37.

二、中外相通：追求真善美是文艺的永恒价值

"文艺是文明的酵母与火种，而文明则是人类社会得以进步和发展的永恒目标与不竭动力，这便天然地决定了不论在任何时候和任何情况下，一切坚守正义事业和人民立场的作家艺术家都必然和必须高度自觉地拥抱艺术理想，坚持用高尚的文艺引领社会风尚，淳化社会风气，驱动历史发展，促进时代变革，并采用艺术的方式通过审美途径而将文明的燧火燃遍生活的四面八方，直至烧进每个人的思想内蕴与心灵深处，使之在温润中得到提升，在欣悦中受到启迪，在怡愉和感悟中获得精神的激励与灵魂的洗礼，进而转换和升华为一种厚植的道德素养与强大的创新力量。"[1]毫无疑问，古今中外的优秀文艺作品都体现了真善美统一的价值，这也是中外优秀文艺作品的相通之处。但如何基于不同意识形态谈论共同的价值，使得"文明因互鉴而精彩"，是当今人类社会发展的重要课题。前文已论述了古今中外人类社会发展进程中产生的诸多优秀文艺作品对人的思想道德的影响，而要寻求能够提升人类思想道德水平的共同的价值，以文艺，转而以文化为纽带和桥梁推进人类命运共同体的构建，还是需要落脚在马克思主义唯物史观的视野中进行分析。马克思主义文艺理论不仅对中国特色社会主义文艺事业产生了重要的影响，还助力文化产业、文化事业的发展，推进文化强国建设，提升文化软实力。与此同时，在西方资本主义社会历史发展进程中产生的西方马克思主义文艺理论亦对其社会产生了至关重要的影响。马克思主义文艺理论既积极关注文艺何以更好地服务于人和社会的发展，也密切关注资本主义制度对人的野蛮异化和对人性的消解和践踏，表现出强烈的批判精神。

质言之，这种"二为"与"批判"，需要聚焦中西文艺的真善美进行具体的研究与分析，这样才能积极吸收"他山之石"，并"通过文艺作品传递真

---

[1] 艾斐.文艺之灯[M].太原：山西教育出版社，2017：206.

善美,传递向上向善的价值观,引导人们增强道德判断力和道德荣誉感,向往和追求讲道德、尊道德、守道德的生活"①。学习、借鉴外来优秀文艺作品,旨在以外来优秀文艺作品中蕴含的真善美来教育本国人民。

(一)基于现实主义,描绘"真"的方面

"真"是以客体规定为主要方面的把握方式,直言之,即是把握客观事物的规律性,使得主观和客观相统一、理论与实践相统一。"真理就是由现象、现实的一切方面的总和以及它们的(相互)关系构成的。"②

柏拉图说:"我们应当用真理作为衡量的标准,无论对真理作何种解释,而不要用其他东西作标准。"③他还强调:"我们还必须把真实看得高于一切。"④在《诗的艺术》中古典主义大师布瓦洛认为"没有比真更美了,只有真才是可爱"⑤。黑格尔庞大的美学体系的核心范畴是"理念",他认为美与真是一回事,美只是理念的感性显现。他从哲学的维度,说明真是善与美的基础和灵魂。

这些理念在文学创作中则是体现为文学作品的现实主义的原则。现实主义的核心是如何处理创作与现实之间的关系,现实主义作家倾向于把自己的思想与情感在作品中表达出来,这是一种更自然的创作倾向,遇到的阻力较小,因此没有像浪漫主义兴起时那样进行广泛的宣传,甚至伴随着激烈的斗争。

恩格斯在1844年指出:"德国人开始发现,近十年来,在小说的性质方面发生了一个彻底的革命,先前在这类著作中充当主人公的是国王和王子,现在却是穷人和受轻视的阶级了,而构成小说内容的,则是这些人的生活和命运、欢乐和痛苦。最后,他们发现,作家当中的这个新流派——乔治•桑、欧仁•苏和查•狄更斯就属于这一派——无疑地是时代的旗帜。"⑥马克思主义经典作家对现实主义的肯定主要表现在两个方面。

---

①习近平.在文艺工作座谈会上的讲话[M].北京:人民出版社,2015:25.
②列宁.列宁全集:第五十五卷[M].中共中央马克思恩格斯列宁斯大林著作编译局,编译.2版.北京:人民出版社,2017:166.
③柏拉图.柏拉图全集:第三卷[M].王晓朝,译.北京:人民出版社,2003:418.
④柏拉图.理想国[M].张竹明,译.南京:译林出版社,2015:67.
⑤布瓦洛.诗的艺术[M].范希衡,译.2版.北京:人民文学出版社,2010:103.
⑥中共中央马克思恩格斯列宁斯大林著作编译局.马克思恩格斯全集:第一卷[M].北京:人民出版社,1956:594.

一是直接对现实主义创作方法和精神进行肯定,二是对文学作品如实地反映现实进行肯定。如恩格斯在给哈克奈斯的信中明确指出,巴尔扎克"是比过去、现在和未来的一切左拉都要伟大得多的现实主义大师"①,并对现实主义进行了深刻的论述。在谈及莎士比亚的时候,恩格斯认为,"单是《风流娘儿们》的第一幕就比全部德国文学包含着更多的生活气息和现实性。单是那个兰斯和他的狗克莱勃就比全部德国喜剧加在一起更具有价值"②。他指出,"现实主义的意思是,除细节的真实外,还要真实地再现典型环境中的典型人物。您的人物,就他们本身而言,是够典型的;但是环绕着这些人物并促使他们行动的环境,也许就不是那样典型了。……作者的见解越隐蔽,对艺术作品来说就越好。我所指的现实主义甚至可以不顾作者的见解而表露出来"③。他还强调,"我们不应该为了观念的东西而忘掉现实主义的东西,为了席勒而忘掉莎士比亚"④,并要求拉萨尔注意莎士比亚在戏剧发展史上的意义。马克思、恩格斯肯定莎士比亚,一个重要的原因就是他的现实主义文艺观和创作方法。无论是五光十色的平民社会,还是情节的生动性和丰富性,⑤或者"在更高得多的程度上用最朴素的形式恰恰把最现代的思想表现出来"⑥中的"最朴素的形式",实际上都是与莎士比亚的现实主义艺术观和创作方法分不开的。

朱光潜认为,"'现实主义'这个名词在哲学领域里虽然从中世纪起就经常出现,而在文学领域里,它首次出现是在席勒的《论素朴的诗与感伤的诗》(1795)论文里"⑦。但席勒的"现实主义"实际上是"古典主义",而不是现在通行意义上的现实主义。"就连用'现实主义'这个名词来标明流派

---

①中共中央马克思恩格斯列宁斯大林著作编译局.马克思恩格斯选集:第四卷[M].3版.北京:人民出版社,2012:590.
②中共中央马克思恩格斯列宁斯大林著作编译局.马克思恩格斯全集:第三十三卷[M].北京:人民出版社,1973:108.
③中共中央马克思恩格斯列宁斯大林著作编译局.马克思恩格斯选集:第四卷[M].3版.北京:人民出版社,2012:590.
④中共中央马克思恩格斯列宁斯大林著作编译局.马克思恩格斯选集:第四卷[M].3版.北京:人民出版社,2012:442.
⑤中共中央马克思恩格斯列宁斯大林著作编译局.马克思恩格斯选集:第四卷[M].3版.北京:人民出版社,2012:440-442.
⑥中共中央马克思恩格斯列宁斯大林著作编译局.马克思恩格斯选集:第四卷[M].3版.北京:人民出版社,2012:437.
⑦朱光潜.西方美学史:下卷[M].2版.北京:人民文学出版社,1979:712-713.

也是很晚的事。在一八五〇年,当批判现实主义高潮已开始过去的时候,有一位法国小说家向佛洛里(Chamfleury)才初次用'现实主义'(Realisme)来标明当时的新型文艺"①,而"批判现实主义"这个名词是到高尔基才提出的。

质言之,现代文学理论一般认为现实主义是指"按照生活的本来面貌再现生活,并把生活现象的真实与历史本质的真实结合起来,以求真实地反映生活的一种创作方法"②。其基本特征是:注重客观生活的真实再现,作家的思想感情寓于真实的描写之中,要真实地再现典型环境中的典型人物,把细节描写的真实同创造典型环境中的典型人物结合起来。③基于现实主义创作手法的文艺作品必然是对真实社会情境的客观反映,规避了主观臆断与偏见,按照客观世界固有的面貌,按照生活本身的逻辑,真实地、逼真地反映客观生活,描写生活中已经存在和可能存在的事物。与此同时,现实主义创作"较多地采用写实的方法,追求细节的真实,对生活进行精细的描写,具有强烈的生活气息和高度的逼真感,现实主义既然要求面向现实,重再现,追求客观性、真实性,它在表现手法上自然是写实的"④。而中外的文学艺术创作中主要基于现实主义的流派占据大多数,因此,基于人民的真实生活情境的文艺,均能成为文艺育德实践活动的重要载体。

(二)传递共同价值,演绎"善"的方面

列宁在《黑格尔〈逻辑学〉一书摘要》里,对黑格尔"善"的概念进行了提炼和改造,认为"'善'是'对外部现实性的要求',这就是说,'善'被理解为人的实践"⑤。这表明了"善"首先是主体在观念层面试图认识世界与改造世界的目的和要求,其次是人们认识世界和改造世界的具体行为中产生的物质的抑或精神的产品。从观念到具体的实体即是"善"在客观事物

---

①朱光潜.西方美学史:下卷[M].2版.北京:人民文学出版社,1979:713.
②曹廷华.文学概论(修订本)[M].2版.北京:高等教育出版社,1993:230.
③曹廷华.文学概论(修订本)[M].2版.北京:高等教育出版社,1993:231-234.
④童庆炳.文学概论(修订本)[M].武汉:武汉大学出版社,1995:439.
⑤列宁.列宁全集:第五十五卷[M].中共中央马克思恩格斯列宁斯大林著作编译局,编译.2版.北京:人民出版社,2017:183.

中获得了"外部现实性"的过程,也就是转变成了善的事物和善的现象,演变为完成形态的被人们能够感知的善的过程。而人类一切关乎善的观念和对其进行现实性转变的过程都是出于对人的生命存在状态的考量,即是为了寻求更好的生存方式。因此,正如施韦泽所认为的那样,"善的本质是:保存生命,促进生命,使生命达到其最高度的发展"①。由此,中外对善的追求达成通约。这种通约着重体现在追求真善美的文艺中。作为文化传承的优秀文艺及文艺作品,首先便要思考到人的生命的存在状态,而人的生命的存在状态直接地与现实的个人所处的社会关系密切相关。

孟子将"四端"视为"四德"的感性显现,认为其构成"善"的基本内容。概言之,善一般是古代社会中人民追求的理想境界和行为规范,德则包括善而又大于善所涵盖的范围。每个特定历史时期中的社会主流价值观念即是这一时期的德的最高体现,亦是最高的善的体现。在这一问题上,人类真正的共同价值是可以通约的。无论处于什么样的时代与意识形态中,以道德为至善追求的人类活动始终围绕着人的一切社会关系展开,因为在现实性上,人的本质是一切社会关系的总和。②正如亚当·斯密在《道德情操论》中论述的道德哲学问题就是首先以人与人之间的关系何以引起"怜悯""同情"等的因素为其研究起点——从遵守道德情操的好公民到建立有序运行的良性社会。首先,各国人民具有相同的愿望,即对美好生活的追求。有学者认为,"人类生活本身,以及可能随之而来的种种便利或不便利,可以根据不同的情况而分别成为我们取舍的合宜对象"③。人类自己的生活处于一种选择与摆脱的利弊权衡之中,其目的即是追求美好生活。在这一过程中,人类个体间也极为相似地需要面对因为斯密建构的以合宜为核心的美德体系缺乏内在规范而导致的"游叙弗伦困境"的问题,这需要人们从民族精神与文化中寻求解决之道,而这个对美好生活追求的必经阶段,在这一点上是相通的。

其次,各国文化中存在人类共同价值。习近平指出,我们要坚守"和平、发展、公平、正义、民主、自由的全人类共同价值"④。作为不同国家、不同民族的人民共同参与、共同享有的价值观念,其为不同国家、不同民族

---

① 阿尔贝特·施韦泽.敬畏生命——五十年来的基本论述[M].陈泽环,译.上海:上海社会科学院出版社,2003:92.
② 中共中央马克思恩格斯列宁斯大林著作编译局.马克思恩格斯选集:第一卷[M].3版.北京:人民出版社,2012:139.
③ 亚当·斯密.道德情操论[M].蒋自强,钦北愚,朱钟棣,等译.北京:商务印书馆,1997:367.
④ 习近平.习近平在联合国成立75周年系列高级别会议上的讲话[M].北京:人民出版社,2020:13.

的人民普遍认同、共同追求,并被用来指导实践活动。《易经》包孕的整体思维、变异思维和中和思维等辩证思维,积淀为中华民族的思维方式和心理结构,产生了"协和万邦"的政治观、"和衷共济"的安全观、"义利相兼"的经济观、"和而不同"的文化观、"天人合一"的生态观等。其中,最为核心的即是"和"文化的体现。亚当·斯密在《道德情操论》中指出,"每个民族不仅应当尽力超过邻国,而且应当出于对人类之爱,去促进而不是去阻碍邻国的进步"①。其中,"人类之爱","爱"文化即是西方德性伦理的重要体现,亦是其文化中的重要元素。同时,东方的"不偏不倚,故谓之中"亦体现在亚里士多德对"中庸"的描述中,在此之后,以斯多葛派为代表的思想,亦体现出了对"中"的阐述,而"中"正是"和"的重要体系。这表明自古以来,中西文化中即存在人类共同的共同价值。

(三)追求美美与共,筑就"美"的方面

"美"和"善"一样,是以主体规定为主要方面认识世界和改造世界的把握方式,其特性在根本上也是由主体决定的。儒家认为,善在内而美在外,善与美可以是相对地存在,而非绝对地统一。道家则认为美与丑、善与恶相反相因、相伴相生,提出了"上善若水"。"上善若水。水善利万物而不争,处众人之所恶,故几于道。居善地,心善渊,与善仁,言善信,政善治,事善能,动善时。夫唯不争,故无尤。"②其中,"上善"是指至善、至美的境界。中华传统文化向来是将最有道德的人视为最美的人。

正如康德在《判断力批判》中指出的那样,"现在我说:美是道德的象征;并且也只有回顾这一层(这对每个人是自然的,也要求着每个人作为义务),美使人愉快并提出人人同意的要求,在这场合人的心情同时自觉到一定程度的醇化和昂扬,超越着单纯对于感官印象的愉快感受,别的价值也按照着它的判断力的一类似的规准被评价着"③。康德认为象征只是直觉的一种,它是以感性符号体现某种理性的理念的内容。康德从目的论的视角探讨美的问题,认为"这种目的论的判断构成审美判断的基础和

---

①亚当·斯密.道德情操论[M].蒋自强,钦北愚,朱钟棣,等译.北京:商务印书馆,1997:297.
②陈鼓应.老子注译及评介[M].北京:中华书局,1984:89.
③康德.判断力批判:上卷 审美判断力的批判[M].宗白华,译.北京:商务印书馆,1964:201.

条件,我们必须顾念到这点"①。在他看来,整个世界的历史是一个朝着有道德的人生发展的历史,自然界是以培养有道德的人为最终目的的,若人类都成为有道德的人,则世界就真正进入了自由的、真善美的理想境界,他认为"美是道德的象征"。

在美学中,"美"是一个情景交融的意象世界。这个意象世界,照亮了一个有意味、有情趣的生活世界(人生),这是存在的本来面貌,即中国人说的"自然"。这是"真",但它不是逻辑的"真",而是存在的"真"。这个意象世界是"美"与"真"的统一,没有直接的功利的效用,所以它没有直接的功利的"善"。但是,在美感中,当意象世界照亮我们这个有情趣、有意味的人生(存在的本来面貌)时,就会给予我们一种爱的体验、感恩的体验,它会激励我们去追求自身的高尚情操,激励我们去提升自身的人生境界。这是一种"美"与"善"的统一。

千百年来,西方产生了大量脍炙人口的文艺作品,创造出了多姿多彩的文明成果。善于利用西方优秀文艺作品,"坚持洋为中用、开拓创新,做到中西合璧、融会贯通,我国文艺才能更好发展繁荣起来"②,我国人民的精神食粮才能丰富起来。质言之,要关注中外文艺作品均追求真善美相统一的永恒价值这一相通点。对于外来优秀文艺作品,我们要取其精华、去其糟粕、融会贯通、为我所用。我们要找出外来文艺作品中适合中国文艺发展、适合育德的载体,实现文艺作品的思想政治教育功能,提升人的思想道德境界,达到思想政治教育实现人的全面发展这一至善目标。

综上,在文艺中,"真"指文艺作品的认识功能和价值;"善"指文艺作品的思想道德方面的教育功能和价值;"美"指文艺作品内容与形式完美统一所产生的审美功能。美常以善为前提,离开真,善和美就只有形式美的意义。我们要实现"真""善""美"的统一。中华文化中底蕴深厚的"和"文化与真善美一起,共同具有超越时空的特点,成为各族、各国的共同追求,成为构建人类命运共同体的文化纽带。

---

① 康德.判断力批判:上卷 审美判断力的批判[M].宗白华,译.北京:商务印书馆,1964:157-158.
② 习近平.在文艺工作座谈会上的讲话[M].北京:人民出版社,2015:26.

三、时代之作：每个时代都有每个时代的精神

"古今中外,文艺无不遵循这样一条规律:因时而兴,乘势而变,随时代而行,与时代同频共振。"[1]"一个时代有一个时代的文艺,一个时代有一个时代的精神。任何一个时代的经典文艺作品,都是那个时代社会生活和精神的写照,都具有那个时代的烙印和特征。"[2]中华民族在不同的历史时期,因为文化形态和文化模式的差异,在特定文化模式中产生的人们普遍认同的民族精神或时代精神也有所不同。当下,中国的时代精神即是社会主义核心价值体系和社会主义核心价值观。这一时代精神可以解决部分人"价值观缺失,观念没有善恶,行为没有底线"[3]的问题。因此党的十九大报告指出,社会主义核心价值观是当代中国精神的集中体现,凝结着全体人民共同的价值追求,要"把社会主义核心价值观融入社会发展各方面,转化为人们的情感认同和行为习惯"[4]。社会主义核心价值观回答了"要建设什么样的国家、建设什么样的社会以及培育什么样的公民"三个基本问题,我们要通过教育引导、舆论宣传、文化熏陶、行为实践、制度保障,促使人们将社会主义核心价值观内化于心、外化于行。而"文艺在培育和弘扬社会主义核心价值观方面具有独特作用"[5],为此,文艺工作者必须将这一核心价值观融入到具体的文学作品中,"大力弘扬和践行社会主义核心价值观,使之像空气一样无处不在、无时不有,成为全体人民的

---

[1]习近平.在中国文联十大、中国作协九大开幕式上的讲话[M].北京:人民出版社,2016:7.
[2]习近平.在中国文联十大、中国作协九大开幕式上的讲话[M].北京:人民出版社,2016:7.
[3]中共中央文献研究室.习近平关于社会主义文化建设论述摘编[M].北京:中央文献出版社,2017:8.
[4]习近平.决胜全面建成小康社会 夺取新时代中国特色社会主义伟大胜利——在中国共产党第十九次全国代表大会上的报告[M].北京:人民出版社,2017:42.
[5]习近平.在文艺工作座谈会上的讲话[M].北京:人民出版社,2015:22.

共同价值追求,成为我们生而为中国人的独特精神支柱,成为百姓日用而不觉的行为准则"①。

同时,我们要注意到,"在社会主义核心价值观中,最深层、最根本、最永恒的是爱国主义"②。从陆游的"位卑未敢忘忧国",到文天祥的"人生自古谁无死,留取丹心照汗青",再到林则徐"苟利国家生死以,岂因祸福避趋之",都以全部热情为祖国放歌抒怀,展现了高昂的爱国主义。天下兴亡,匹夫有责。文化不灭,则中华不灭。爱国,即爱文化,也就是守护中华优秀传统文化。今天的中国,是一个充满希望、面临机遇、富于挑战的中国。改革开放的不断深入、科学技术的日新月异、经济全球化的步伐加快、多元文化的异质交融,必将深入持久地影响和改变全社会的生产方式、生活方式及人们的思维方式。而爱国主义是中华民族的优良传统,是中华民族生生不息、自立自强于世界民族之林的强大精神动力。因此,"我们当代文艺更要把爱国主义作为文艺创作的主旋律,引导人民树立和坚持正确的历史观、民族观、国家观、文化观,增强做中国人的骨气和底气"③。质言之,爱国主义是思想政治教育的重要内容,这一内容应融入到时代的文艺作品中,使人民将其内化于心、外化于行。因此,要将源于时代且体现时代精神的优秀文艺作品作为思想政治教育的载体,这些文化载体蕴含了社会主义核心价值观且突出了爱国主义的意蕴,以隐性思想政治教育方法潜移默化、春风化雨般地熏陶人们的心灵。这些优秀的文艺作品能够"启迪思想、温润心灵、陶冶人生,能够扫除颓废萎靡之风"④,能够满足人的精神需求、促进人的全面发展。

---

①习近平.在文艺工作座谈会上的讲话[M].北京:人民出版社,2015:23.
②习近平.在文艺工作座谈会上的讲话[M].北京:人民出版社,2015:24.
③习近平.在文艺工作座谈会上的讲话[M].北京:人民出版社,2015:24.
④习近平.在文艺工作座谈会上的讲话[M].北京:人民出版社,2015:23.

第七章
文艺育德的实践因素

"文艺是铸造灵魂的工程,承担着以文化人、以文育人的职责"[1],且"文运同国运相牵,文脉同国脉相连"[2]。这表明了在以"文艺—文化—软实力"为脉络的社会主义先进文化建设与文化强国建设中文艺事业发展的重要性,以及更为重要的是发挥文艺的意识形态功能和对个人的人文关怀价值。这些目标与目的的实现则需要把握好文艺育德生成的必要条件、文艺为何育德、文艺如何育德、文艺育德实现的保障、构成文艺育德的实践要素等。我们要使文艺育德成为新时代思想政治教育创新发展的行动指南,成为发展和建设社会主义文艺、建设文化强国、实现中华民族伟大复兴中国梦的坚强柱石。

---

[1] 习近平.在中国文联十大、中国作协九大开幕式上的讲话[M].北京:人民出版社,2016:17.
[2] 习近平.在中国文联十大、中国作协九大开幕式上的讲话[M].北京:人民出版社,2016:5.

一、文艺育德队伍论

马克思、恩格斯在《德意志意识形态》中曾说过,"全部人类历史的第一个前提无疑是有生命的个人的存在"①,"社会结构和国家总是从一定的个人的生活过程中产生的"②。马克思、恩格斯突出强调了人在人类社会发展中的主体地位。而文艺活动作为人的实践中的重要组成部分,无疑是以人的存在为前提和基础的。"繁荣文艺创作、推动文艺创新,必须有大批德艺双馨的文艺名家。"③党的二十大强调,"培育造就大批德艺双馨的文学艺术家和规模宏大的文化文艺人才队伍"④。这是社会主义文艺事业发展的前提,更是文艺育德生成的前提。要把握立德树人的关键环节,关键在于大力加强文艺育德的队伍建设。文艺育德作为思想政治教育中的重要组成部分,亦是教育主体相互作用、相互映现、相互实现并且共享精神生活的价值过程。但文艺育德作为具有鲜明特质的存在,实施育德的队伍的主体又具有一定的复杂性和特殊性。文艺育德的教育主体的队伍在前文论述中被分为三类,因此,毫无疑问,在建设文艺育德的队伍时我们也应关注这三类队伍的建设,而且尤以高校教师,即专门的文艺育德队伍的建设为主,而高校教师内部又可以分为思政课程中的教师和课程思政中的教师这两个组成部分。当下,理论界和学界关于思想政治教育主体的研究及成果已随处可见,存在争议但也有定论。本书不是完全抛开传统思想政治教育主体的研究视野,而是摆脱了其视野过于局限于高校

---

① 中共中央马克思恩格斯列宁斯大林著作编译局.马克思恩格斯选集:第一卷[M].3版.北京:人民出版社,2012:146.
② 中共中央马克思恩格斯列宁斯大林著作编译局.马克思恩格斯选集:第一卷[M].3版.北京:人民出版社,2012:151.
③ 习近平.在文艺工作座谈会上的讲话[M].北京:人民出版社,2015:11.
④ 习近平.高举中国特色社会主义伟大旗帜 为全面建设社会主义现代化国家而团结奋斗——在中国共产党第二十次全国代表大会上的报告[M].北京:人民出版社,2022:45.

教师等专属领域的研究,将一切能实现文艺育德活动的实施者、发动者等主体都纳入到文艺育德生成的"人"的因素中来,开展最大范围和程度的全程、全方位、全员的文艺育德研究。结合前文已有论述,我们需要剖析文艺育德三类队伍之间的通约性,要求文艺育德主体明道、信道,忠诚于党和人民的教育事业,注重马克思主义理论学习,不断提升马克思主义理论素养,提升立德树人、立志育人的艺术水平。

(一)"三个水平"是基本素质

文艺工作者作为文艺事业的存在前提和推动力量,既是思想政治教育队伍中的重要组成部分,又是实现社会主义文艺发展的重要因素,更是推进中华民族伟大复兴的重要力量。实现中华民族的伟大复兴,"必须高度重视和充分发挥文艺和文艺工作者的重要作用"[1]。"实践充分证明,广大文艺工作者心怀祖国人民、响应时代召唤、追求艺术理想,是一支有智慧有才情、敢担当敢创新、可信赖可依靠的队伍。"[2]传统的学科交叉与借鉴的观念认为应积极将其他学科的基础理论和原理"拿进来",运用于本学科的发展。如今,要推进学科的融合与更好的发展也可以把本学科的基础内容等"给出去",这并不是说文艺又要回归到政治的传声筒的境地,而是说文艺的发展必须是在社会主流核心价值观念这一时代道德的引领下的健康良性的发展。由此,思想政治教育的基本内容,尤其是道德教育的内容,在当下主要体现在社会主义核心价值观上,文艺工作者应积极将其"拿过去",不仅要以此武装自己,还要将其内化于自己创作的艺术作品中。与此同时,家庭中的道德伦理教化功能在当下呈现出越来越弱的趋势,因此家庭中的"家长"应有意识地利用优秀文艺作品展开家风教化等活动。由此,教师、家长共同勾勒出文艺育德的主体模型。但是,不是所有问题都能通过学校教育和家庭教育来解决,我们还应关注社会因素对教育的影响,前两者的积极建构有利于社会文艺育德氛围的形成。在这一内在的逻辑进路中,我们以文艺育德生成的必要条件的文艺工作者为先导,分析其如何提升思想水平、业务水平、道德水平,从而促使文艺育德

---

[1]习近平.在文艺工作座谈会上的讲话[M].北京:人民出版社,2015:2.
[2]习近平.在中国文联十大、中国作协九大开幕式上的讲话[M].北京:人民出版社,2016:3.

的三类队伍自身及其相对应的育德水平的提升。

第一,思想水平。在我国,文艺工作者要有较高的思想水平,即要求文艺工作者要有正确的政治立场和坚定的理想信念。其一,正确的政治立场就是党的立场、人民的立场。中国共产党是中国最广大人民根本利益的代表,是中国工人阶级和中华民族的先锋队,党的立场和人民的立场在根本上是一致的。只有站在了党和人民的立场上,才能自觉地以马克思主义文艺理论武装自己,跟随主流意识形态前进。其二,文艺工作者要大有可为,就必须坚定自己的理想信念。这种理想信念一方面指共产主义的远大理想和中国特色社会主义的共同理想,另一方面是指文艺工作者的艺术理想。共同理想要求文艺工作者自己补足"钙",并且帮助国民补足"钙";要求文艺工作者有理想、有坚定信念,引导国民树立高远的理想追求;要求文艺工作者一心一意为着全体中国人民的共同理想而奋斗,以自己坚定的理想信念去感召人、鼓舞人。艺术理想要求文艺工作者"要做真善美的追求者和传播者,把崇高的价值、美好的情感融入自己的作品,引导人们向高尚的道德聚拢,不让廉价的笑声、无底线的娱乐、无节操的垃圾淹没我们的生活"[①]。如此文艺工作者才能真正承担起以文化人、以文育人的职责。作家如果想写出雄伟的风格,他首先就要有雄伟的人格;导演要拍出好的影视作品,他首先应具有伟大的艺术理想;画家要画出人的精神休憩地,他首先需要有较高的人生境界。所以文艺工作者首先需要立足现实实际、塑造自己,"养德和修艺是分不开的。德不优者不能怀远,才不大者不能博见"[②]。文艺工作者要确保文艺创作的过程中没有半点儿弄虚作假,要远离浮躁、不求功利、全心全意地进行创作。

第二,业务水平。一方面,文艺工作者要具备有关文艺创作的专业知识。任何一项工作都有其专业知识,文艺学同样具有很强的专业性,也有系统性的知识。文艺工作者要坚持马克思主义文艺理论和观点,建构专业的文艺理论体系。另一方面,文艺作品是一种审美产物,文艺工作者应该具备美学方面的浓厚兴趣,扩大自己的知识面,除了哲学修养、艺术欣赏的直接经验和艺术史知识外,还应了解心理学、语言学、人类学、神话

[①] 习近平.在中国文联十大、中国作协九大开幕式上的讲话[M].北京:人民出版社,2016:17.
[②] 习近平.在中国文联十大、中国作协九大开幕式上的讲话[M].北京:人民出版社,2016:18.

学、社会学、民俗学、文化史、风俗史方面的知识。此外,文艺工作者要有开放的心态,注意吸收国外的文艺理论和文艺成果,要有一种与时俱进的精神,日日新,又日新,敢于突破自己,努力使自己的创作提升到一个新的境界。

第三,道德水平。文艺工作者应该具有良好的道德品质。"道德品质是一定社会的道德原则和规范在个人观念和行为中的体现,是道德认知、道德情感、道德意志和道德行为的集合体。"[1]孔子说:"其身正,不令而行;其身不正,虽令不从。"(《论语·子路》)荀子说:"口能言之,身能行之,国宝也。口不能言,身能行之,国器也。口能言之,身不能行,国用也。口言善,身行恶,国妖也。治国者敬其宝,爱其器,任其用,除其妖。"(《荀子·大略》)优秀的文艺作品能够倡导人们追求美,这与思想政治教育追求美的旨归一致。但如果一个文艺工作者,"口言善"却"身行恶",即使他倡导人们为善,其创作也是不可能起到正面教育的作用的。正如传播学中劝服性传播强调的那样,传播主体必须具有足够高的信服性。诗人具有较高的道德水平,是其文学作品具有道德教育意义的前提与基础。画家有双发现真善美的"眼睛",才能画出蕴含真善美的伟大作品,而不是简单地直接复刻现实物质,充当人体打印机。质言之,文艺工作者要作为思想政治教育队伍中的重要组成部分,必须知行合一,有较高的思想道德素质水平。较高的道德水平可以体现在其敬业精神、对教育对象富有爱心、以身作则等各个方面。

(二)"三种角色"是根本担当

"举精神之旗、立精神支柱、建精神家园,都离不开文艺。当高楼大厦在我国大地上遍地林立时,中华民族精神的大厦也应该巍然耸立。我国作家艺术家应该成为时代风气的先觉者、先行者、先倡者"[2],努力创作优秀的文艺作品,激励人们、鼓舞人们。

其一,先觉者。文艺作品是反映社会存在的时代产物。在文艺创作中,就文学和现实的关系而言,有把文学艺术作品看作对现实生活的再现

---

[1]《思想政治教育学原理》编写组.思想政治教育学原理[M].2版.北京:高等教育出版社,2018:332.
[2] 习近平.在文艺工作座谈会上的讲话[M].北京:人民出版社,2015:6.

或模仿的"再现说",也有把文学艺术作品当作作家、艺术家的自我表现的"表现说"。①现实主义主张再现生活的本来面目,但浪漫主义则提倡表现作家理想的境界,这是文学界两大流派的观点。高尔基认为,从既定的现实的总体中抽出它的基本意义而且用形象体现出来——这样我们就有了现实主义。但是,如果在从既定的现实中所抽出的意义上面再加上——依据假想的逻辑加以推想——所愿望的、可能的东西,这样来补充形象——那么我们就有了浪漫主义。②这就表明,无论现实主义还是浪漫主义均产生于现实生活,换言之,现实生活是文学艺术的源泉。正如毛泽东指出的,"作为观念形态的文艺作品,都是一定的社会生活在人类头脑中的反映的产物"③。因此,文艺工作者创作出的文艺作品皆是对现实生活的反映,而一个时代的文艺工作者往往能同理论工作者一样首先意识到时代问题。这也正是习近平总书记强调的,文艺工作者要做先觉者,要通过文艺作品来体现时代问题、揭示时代问题,就像鲁迅先生那样,通过文艺作品反映社会现实。

其二,先行者。观念是行动的先导,文艺工作者要做好先行者,就要具备与时俱进的观念。这种"行"一方面体现在文艺创作本身,即文艺工作者基于对现实生活的认识,进行自己的艺术创作,根据自己的人生阅历和主观体验,通过"一个渐进、渐悟、渐成的过程"④创作出艺术形象世界这一"第二自然界",以此来体现自己的艺术理想。同时,优秀的文艺作品也要以一定的形式展现出当下的社会问题。另一方面,这种"行"体现在文艺工作者在创作出的作品揭示社会问题后,会以身作则、身体力行,参与一定的群团组织,甚至作为人大代表,通过自己的行为去尝试做到值得做的和揭露当前的社会问题。

其三,先倡者。文艺工作者"除了要有好的专业素养之外,还要有高尚的人格修为,有'铁肩担道义'的社会责任感"⑤。文艺工作者是社会风气的重要引领者。党的十九大报告指出,中国特色社会主义进入了新时

---

① 张炯.论马克思主义与文学[M].北京:中国社会科学出版社,2013:121.
② 高尔基.高尔基选集:文学论文集[M].孟昌,曹葆华,译.北京:人民文学出版社,1958:337.
③ 中共中央文献研究室.毛泽东文艺论集[M].北京:中央文献出版社,2002:63.
④ 习近平.在文艺工作座谈会上的讲话[M].北京:人民出版社,2015:10.
⑤ 习近平.在文艺工作座谈会上的讲话[M].北京:人民出版社,2015:12.

代。而在新时代最需要倡导的就是中国特色社会主义共同理想、社会主义核心价值观、中华优秀传统文化、生态文明等。这些亦是思想政治教育的重要内容。为此,文艺工作者不仅要在文学作品中体现这些时代要求和主流价值观念,更要以身作则极力倡导人们坚守共同理想、坚定理想信念、坚定文化自信,成为在自己的岗位上担当民族复兴大任的时代新人的典型性、模范性、榜样性人物。

二、文艺育德目的论

文艺是人类文明的果实,是精神方面的生产力。"一切文艺及其文艺作品,在其本质上,包含着对普遍人性的深层解剖和对生命意义的理性理解而具有一种'温柔醇厚'的人文教化力量。"[1]但这样的论述过于绝对。一方面,并不是所有的文艺及作品都能发挥育德功能,只有被称为时代精品的蕴含着特定时期主流价值观念的优秀文艺作品才能发挥其教化的作用;另一方面,就优秀文艺作品本身来说,其不一定真正具有人文教化的作用,而是单纯从艺术创作者的视角出发的认识世界的一个窗口性的存在。对能够发挥人文教化作用的文艺作品,我们要通过这些文艺作品"给人以价值引导、精神引领、审美启迪"[2]。因此社会主义文艺及其文艺作品能够发挥思想政治教育功能,助力于思想政治教育目标的实现。

(一)人民需要文艺

"人民既是历史的创造者、也是历史的见证者,既是历史的'剧中人'、也是历史的'剧作者'。"[3]因此,文艺要反映人民心声,坚持"二为"方向,牢固马克思主义文艺观,真正做到坚持以人民为中心的创作。

一是引领人的价值追求。任何文艺作品都承载着一定的思想观念,表达了一定的价值追求。"对文艺来讲,思想和价值观念是灵魂,一切表现形式都是表达一定思想和价值观念的载体。离开了一定思想和价值观念,再丰富多样的表现形式也是苍白无力的。"[4]思想和价值观念悄无声息地贯穿于作品始终,成为作品的核心和灵魂,决定着作品的质量和力量。

---

[1]陈娜,骆郁廷.以文化人:习近平文艺思想的核心[J].思想教育研究,2017(8):41.
[2]习近平.在文艺工作座谈会上的讲话[M].北京:人民出版社,2015:11.
[3]习近平.在文艺工作座谈会上的讲话[M].北京:人民出版社,2015:13.
[4]习近平.在中国文联十大、中国作协九大开幕式上的讲话[M].北京:人民出版社,2016:8.

二是满足人的精神需要。因为,"人,本质上就是文化的人,而不是'物化'的人;是能动的、全面的人,而不是僵化的、'单向度'的人。人类不仅追求物质条件、经济指标,还要追求'幸福指数';不仅追求自然生态的和谐,还要追求'精神生态'的和谐"①。这也正表明,"人类社会与动物界的最大区别就是人是有精神需求的,人民对精神文化生活的需求时时刻刻都存在"②。改革开放以来,随着人民生活水平的不断提高,人民对包括文艺作品在内的文化产品的质量、品味、风格等的要求也在提高。由此,习近平总书记指出要满足人民日益增长的精神文化需要,就要使"文学、戏剧、电影、电视、音乐、舞蹈、美术、摄影、书法、曲艺、杂技以及民间文艺、群众文艺等各领域都要跟上时代发展、把握人民需求,以充沛的激情、生动的笔触、优美的旋律、感人的形象创作生产出人民喜闻乐见的优秀作品,让人民精神文化生活不断迈上新台阶"③。同时,国际社会对中国的关注度越来越高,但是国际社会要了解中国人的喜怒哀乐、风俗习惯、民族特性等,光靠正规的新闻发布、官方介绍以及外国民众来中国亲自了解、亲身感受是十分有限的,我们必须通过文艺架通与国际社会各国人民沟通的桥梁。例如"京剧、民乐、书法、国画等都是我国文化瑰宝,都是外国人了解中国的重要途径"④。

三是提高人的审美能力。"追求真善美是文艺的永恒价值。艺术的最高境界就是让人动心,让人们的灵魂经受洗礼,让人们发现自然的美、生活的美、心灵的美。"⑤文艺最大的特征即是给人以美的享受和启迪,借助文艺作品展开审美活动,提升人的审美能力。

(二)文艺需要人民

人民需要的文艺是在文艺需要人民的基础上创作出来的,也就是说,坚持以人民为中心的创作导向的文艺作品才能发挥育德功能。"人民是文艺创作的源头活水,一旦离开人民,文艺就会变成无根的浮萍、无病的呻

---

①习近平.之江新语[M].杭州:浙江人民出版社,2007:150.
②习近平.在文艺工作座谈会上的讲话[M].北京:人民出版社,2015:14.
③习近平.在文艺工作座谈会上的讲话[M].北京:人民出版社,2015:14.
④习近平.在文艺工作座谈会上的讲话[M].北京:人民出版社,2015:15.
⑤习近平.在文艺工作座谈会上的讲话[M].北京:人民出版社,2015:24.

吟、无魂的躯壳。"①正如列宁所说,"艺术是属于人民的。它必须在广大劳动群众的底层有其最深厚的根基。它必须为这些群众所了解和爱好。它必须结合这些群众的感情、思想和意志,并提高他们。它必须在群众中间唤起艺术家,并使他们得到发展"②。这就表明,一方面文艺工作者的文艺创作不能脱离人们的生活。文艺工作者不能凭空进行创作,而是应该关注人们的生活,从人们的生活中去发现创作的素材,创作出反映人们生活的文艺作品,实现"文艺存在的根本价值"③。这些作品可以让人们的情感得到寄托,满足人的精神需求和审美享受需求,同时提高人的思想认知水平和道德品质。另一方面,人们阅读文学作品的直观感受以及由此产生的行为可以唤醒文艺工作者的新的创作激情,人们期待文艺工作者"讴歌奋斗人生,刻画最美人物,坚定人们对美好生活的憧憬和信心"④。对此,一种情况是基于人们现实生活产生的文艺作品对人们发挥着思想政治教育功能,在这种情况下,文艺工作者是思想政治教育的主体。另一种情况是读者对文艺作品的反馈,使得文艺工作者有了新的认知、新的创作理念,提升了文艺工作者的道德情感等,这时读者成为思想政治教育工作者,文艺工作者成为受教育者。在这两种思想政治教育活动中,文艺工作者和读者均得到了成长。思想政治教育工作者和文艺工作者主客体位置的转换,也充分说明了人民与文艺之间的双向关系,即没有不需要人民的文艺,更没有不需要文艺的人民,两者之间的良好互动状态是文艺发挥思想政治教育功能的关键所在,也是文艺育德实现的重要节点所在。

(三)文艺要热爱人民

"文艺要热爱人民"是对"文艺需要人民"的进一步升华。社会主义的文艺不仅是单纯书写人民的生活,更应从人民的生活中发现、歌颂"大写的人",树立典型,使其成为人民大众学习的榜样。"有没有感情,对谁有感情,决定着文艺创作的命运。"⑤而文艺对人民的热爱程度影响着社会主义

---

① 习近平.在文艺工作座谈会上的讲话[M].北京:人民出版社,2015:15.
② 习近平.在文艺工作座谈会上的讲话[M].北京:人民出版社,2015:15.
③ 习近平.在文艺工作座谈会上的讲话[M].北京:人民出版社,2015:16.
④ 习近平.在文艺工作座谈会上的讲话[M].北京:人民出版社,2015:17.
⑤ 习近平.在文艺工作座谈会上的讲话[M].北京:人民出版社,2015:18.

文艺事业的发展和文化强国的建设。我国的文艺必须要"热爱人民",这是习近平坚持以人民为中心的发展思想在我国文艺事业中的体现。只有"热爱人民"的文艺才能充分激发人民的创造力和积极性,这种文艺才能发挥最大的思想政治作用,引领人们的价值观念、满足人们的精神需求和提升人们的审美能力。为此,习近平强调,"热爱人民不是一句口号,要有深刻的理性认识和具体的实践行动"[1]。这表明文艺工作者在创作中要热爱人民,首先要有深刻的理性认知,而具备深刻的理性认知的前提是要有一定的理论思维。这种理论思维要求文艺工作者要懂得人民是历史创造者的道理,解决好"为了谁、依靠谁、我是谁"[2]的问题,要求文艺工作者要有一种"理论感",也就是爱因斯坦说的方向感,即向着某种具体的东西一往直前的感觉。这种理论感会帮助文艺工作者在写作的时候,把握自己思想中最有价值的东西,指引文艺工作者朝着某个方向深入,而这个方向即是热爱人民的方向。这一点体现在文艺创作的实践行动中,即是要求文艺工作者要"扎根人民、扎根生活"[3],摆脱关在象牙塔中的文艺创作。但是,这不是要求文艺工作者"镜像"般地反映人们的生活,而是要求他们做到"乐而不淫,哀而不伤","发乎情,止乎礼义"。要在对光明的歌颂、对理想的抒发、对道德的引导中揭露社会现实问题,这就意味着一部具有思想政治教育功能的优秀作品,必然不是单纯地对黑暗现象平铺直叙,而是在能够提高人的思想水平、政治水平和道德水平的前提下,让人们认识到社会中的负面情况。

---

[1]中共中央文献研究室.习近平关于社会主义文化建设论述摘编[M].北京:中央文献出版社,2017:163.
[2]习近平.在文艺工作座谈会上的讲话[M].北京:人民出版社,2015:18.
[3]习近平.在文艺工作座谈会上的讲话[M].北京:人民出版社,2015:19.

三、文艺育德方法论

源于时代的"有正能量、有感染力,能够温润心灵、启迪心智,传得开、留得下,为人民群众所喜爱"[1]的优秀文艺、蕴含时代智慧的学问、启迪民智的典籍、打动心灵的作品,是时代和民族文化的瑰宝,充当着文艺育德的重要载体。我们要运用这些优秀载体,遵循文艺育德的规律和特点,探索文艺育德的艺术和技巧,以"教化""浸化""示化""感化""悟化"的方式,不断使文艺作品内含的思想和价值观念融入人心。

(一)现象世界里的"教化"

习近平总书记强调,"必须把创作生产优秀作品作为文艺工作的中心环节,努力创作生产更多传播当代中国价值观念、体现中国文化精神、反映中国人审美追求,思想性、艺术性、观赏性有机统一的优秀作品,形成'龙文百斛鼎,笔力可独扛'之势"[2]。这种优秀文艺作品才能"给人以价值引导、精神引领、审美启迪"[3]。文学作品对世界的认识分为对客观世界的表象性认识和对客观世界的规律性认识,后者这种高层次的认识有助于帮助人们树立正确的世界观。优秀文艺作品是对世界的哲理性思考,委婉地、隐喻性地,但又准确地、深刻地揭示人类生活世界的本质及其发展规律。正如马克思所说,"现代英国的一批杰出的小说家,他们在自己的卓越的、描写生动的书籍中向世界揭示的政治和社会真理,比一切职业政客、政论家和道德家加在一起所揭示的还要多"[4]。也正如马尔库塞所言,

---

[1] 习近平.在文艺工作座谈会上的讲话[M].北京:人民出版社,2015:7-8.
[2] 习近平.在文艺工作座谈会上的讲话[M].北京:人民出版社,2015:7.
[3] 习近平.在文艺工作座谈会上的讲话[M].北京:人民出版社,2015:11.
[4] 中共中央马克思恩格斯列宁斯大林著作编译局.马克思恩格斯全集:第十卷[M].北京:人民出版社,1962:686.

"艺术的政治潜能在艺术本身之中,在作为艺术的美学形式之中"①。这表明影响文学艺术的教化功能及其作用大小的关键不在别处,就藏于其本身。当代中国的优秀文艺作品,无不在对生活进行审美理解的同时,蕴含着时代价值和时代精神。要大力发扬党和人民在长期实践中形成的崇高精神,邓小平指出,"我们还要大声疾呼和以身作则地把这些精神推广到全体人民、全体青少年中间去,使之成为中华人民共和国的精神文明的主要支柱,为世界上一切要求革命、要求进步的人们所向往,也为世界上许多精神空虚、思想苦闷的人们所羡慕"②。党的十九大指出,"社会主义核心价值观是当代中国精神的集中体现"③。因此,文艺工作者在创造作品时要将这一时代精神融于文艺作品中。除开受教育者自主自觉地从文艺作品中得到启示外,我们应主动将文艺融入思想政治教育中,而思想政治教育的主要对象是青年和干部,青年中大多数为高校学生。所以我们应将文艺作品融入对高校学生的思想政治理论教育中,文艺作品具有的审美特性在满足高校学生的审美需求的同时,也与思想政治教育中的激励教育法相结合,激励学生感悟文艺作品中蕴含的价值观念和时代精神。如此一来,我们可以使这些认知融入到学生的已有图式中,并通过实践进行检验,使学生完成内化于心、外化于行的过程。

(二)生活世界里的"浸化"

马克思、恩格斯从人类发展的源头考察了文学的产生,马克思在《1844年经济学哲学手稿》中认为"劳动创造了美"④。这里的"美"是指产品。恩格斯在《自然辩证法》中认为"劳动创造了人本身"⑤。所以,劳动不仅为文学的产生提供了主体条件,还提供了客体条件,在一定意义上可以说文学是劳动分工的必然产物。而人的劳动是不断认识世界和改造世界

---

① 赫伯特·马尔库塞,等.现代美学析疑[M].绿原,译.北京:文化艺术出版社,1987:1.
② 邓小平.邓小平文选:第二卷[M].2版.北京:人民出版社,1994:368.
③ 习近平.决胜全面建成小康社会 夺取新时代中国特色社会主义伟大胜利——在中国共产党第十九次全国代表大会上的报告[M].北京:人民出版社,2017:42.
④ 中共中央马克思恩格斯列宁斯大林著作编译局.马克思恩格斯全集:第四十二卷[M].北京:人民出版社,1979:93.
⑤ 中共中央马克思恩格斯列宁斯大林著作编译局.马克思恩格斯选集:第四卷[M].2版.北京:人民出版社,1995:374.

的过程,因此,文艺来自人们认识世界和改造世界的活动,作为一种表征着特定历史时期的社会意识形态的产物,是一定社会存在的反映。

正如理查德·舒斯特曼在《生活即审美——审美经验和生活艺术》一书中所强调的那样,"我的实用主义哲学的一个主要目的,是通过更加认可超出美的艺术范围之外的审美经验的普遍重要性而将艺术与生活更紧密地整合起来。这意味着更加认可艺术性的风格化在增进我们不同的生活艺术方面所具有的价值,它包括这种伦理艺术:构建某人的品性、(用一种和谐和差异的样式)富有魅力地将某人的品性与其他人的品性联系起来、以及通过可以凭借其优美进行启发和教导的那种值得效法的优雅来实施自我指导"[①]。

因此,我们不难理解文艺源于生活,且要深深融入生活。文艺要融入生活,也就是要把优秀文艺作品融入到社会日常生活中。时间艺术、空间艺术和时空艺术以不同的艺术形态和时空维度影响着人类的实践,而在精神生产方面则是生生不息地影响着人的道德因素。文艺作品在人的生活中随处可见,如历史文化古迹中的雕塑、建筑,随着经济发展不断变化的各类书店与影院等,无不在浸润与影响着人们的精神因素,因此正向的、积极的影响需要注入时代主流价值观念的优秀文艺精品。

换言之,"文艺深深融入人民生活,事业和生活、顺境和逆境、梦想和期望、爱和恨、存在和死亡,人类生活的一切方面,都可以在文艺作品中找到启迪"[②]。这表明文艺反映社会,且文艺以独有的方式呈现出一种社会图景,这种社会图景高于生活。优秀文艺作品呈现的社会图景,会给读者带来一种良好的体验,为人们营造出一种温润的环境,通过间接性、渗透性和隐蔽性特征,能够陶冶读者抑或受众的情操,在不知不觉中达到"蓬生麻中,不扶而直"和"入芝兰之室,久而自芳"的教育效果。文艺形式中的隐喻性可以帮助受众理解抽象概念和深奥的理论。隐喻可以通过常规的语言、形态、造型等来表示不常规的事物(如思想政治教育内容),这种由此及彼、由表及里的过程可以让受众潜移默化地理解思想政治教育中深奥的理论。文学和艺术作品本身具有的这种隐喻性,可以使思想政治

[①] 理查德·舒斯特曼.生活即审美——审美经验和生活艺术[M].彭锋,等译.北京:北京大学出版社,2007:中译本前言ⅩⅥ.
[②] 习近平.在文艺工作座谈会上的讲话[M].北京:人民出版社,2015:8.

教育不再平铺直叙,而充满魅力。这种产生于生活的文艺,"不是通过概念对社会进行抽象,而是通过文字、颜色、声音、情感、情节、画面、图像等进行艺术再现"①。由此,文艺作品展现出色彩斑斓、情境丰富、韵味深厚的现实社会,在这里现实社会包括了日常生活社会和互联网。我们要通过这两种场域,将文艺融入人们的日常生活,积极运用感染、陶冶相结合的方式方法,用文学语言让人们从中认识深奥的理论和概念。

(三)形象世界里的"示化"

思想政治教育的一个重要规律是内化外化律,思想政治教育的目的是要使个体将特定的政治观念和道德准则内化为个体的信念,并逐步外化为行为习惯。但实际上受众很难将学到的理论运用到社会实际中去。这是因为认识到了的东西还是一种理性的告知,还不一定能转化为自己的行动;只有体验到了的东西,在情感上真正接受了的东西,才能内化为自己的思想和意愿,自己才能自觉、持久地在自己的行动中将其贯彻下去。每个人的生活领域都是有限的,文艺作品的深层阅读通过"视界融合""心灵还原""潜入文本"的过程,将人文的概念与理论转换为心灵中的事件的重演与感情的体味。例如绘画展览的目的不仅仅在于商业宣传,其中不乏艺术分子,利用一定的艺术空间,通过艺术家在某一阶段内取得的艺术创作的成就或成果,使受众除了了解到绘画的形式与风格外,还开始思考诸如当时的人们所追求的精神是什么,人们拥有一个什么样的生活态度等深层次的、关乎道德哲学的问题。

在诸多的文学与艺术形式中,对人们影响最为广泛和普遍的还是文学作品。因此,"广大文艺工作者要始终把人民的冷暖和幸福放在心中,把人民的喜怒哀乐倾注在自己的笔端,讴歌奋斗人生,刻画最美人物"②,由此创作出典型人物,利用典型教育的方法,通过这种典型人物对受众产生深刻的影响,发挥出"示化"作用,即对受众的潜移默化的启示教化作用。在某种意义上,这是思想政治教育的典型教育法抑或榜样教育法在隐性教育中的体现。通过"示化",受众以文学作品中的人物为参照来确

---

① 习近平.在中国文联十大、中国作协九大开幕式上的讲话[M].北京:人民出版社,2016:12
② 习近平.在中国文联十大、中国作协九大开幕式上的讲话[M].北京:人民出版社,2016:12.

立自己的人生准则,由此形成主流社会价值观念和人生准则。其实这些人生准则与思想政治教育的内容是一致的,但却更容易走进受众的心灵。为此,习近平总书记强调"要始终把人民的冷暖、人民的幸福放在心中,把人民的喜怒哀乐倾注在自己的笔端,讴歌奋斗人生,刻画最美人物,坚定人们对美好生活的憧憬和信心"①。由此塑造出的伟大人格,对受众发挥着榜样教育的作用,通过"示化"作用下的模仿,实现思想政治教育的目标。

(四)心理世界里的"感化"

一般而言,人们都有一种不自觉地维护"自主"地位、不愿意接受别人干涉或控制的心理倾向。思想政治教育的目的就是要对别人的思想、心灵、道德品质进行塑造。但受众往往独立性、主体性意识较强,思想政治教育容易遭到反感和抵触。而事实上大多数受众的思想、意识存在着与主流思想有偏差,甚至是完全错误的现象。"一个正确的认识,往往需要经过由物质到精神,由精神到物质,即由实践到认识,由认识到实践这样多次的反复,才能够完成。"②因此,这就需要思想政治教育工作者对其思想进行转化,通过隐性教育的方式和思想转化法,用"有正能量、有感染力,能够温润心灵、启迪心智"③的文艺作品来感化受众,即借助隐性思想政治教育来感化受众,这是"寓于专门的思想政治教育之外的社会实践活动中开展的、不为受教育者焦点关注(甚或不为受教育者明确感知)的一种思想政治教育存在类型"④。隐性思想政治教育作为思想政治教育的重要研究领域,其重要特质在于其在一定程度上能够有效消除学生的逆反心理。

各种优秀的文艺载体能够助推隐性思想政治教育活动的开展。优秀的文艺作品,是文艺工作者坚持"取法于上,仅得为中;取法于中,故为其下"的理念,使其作品"思想精深、艺术精湛、制作精良"⑤的成果。正如古人所言,"充实之谓美,充实而有光辉之谓大"。这种文艺作品所具备的思

---

① 习近平.在文艺工作座谈会上的讲话[M].北京:人民出版社,2015:17.
② 中共中央文献研究室.毛泽东文集:第八卷[M].北京:人民出版社,1999:321.
③ 习近平.在文艺工作座谈会上的讲话[M].北京:人民出版社,2015:7-8.
④ 白显良.隐性思想政治教育基本理论研究[M].北京:人民出版社,2013:35.
⑤ 习近平.在文艺工作座谈会上的讲话[M].北京:人民出版社,2015:10.

想和价值理念必然是时代主流意识形态要求的正确思想和核心价值观念。诗文随世运,无日不趋新,今天的中国的文艺精品,必然蕴含共同思想基础,弘扬社会主义核心价值观。思想政治教育工作者结合理论,通过文艺精品对受众进行思想政治教育,可以有效地感化受众,使受众通过自我教育转化已有的错误思想和价值观念,从而实现思想政治教育的目的,提高思想政治教育的有效性。

(五)意义世界里的"悟化"

未悟见出,意不自得。"教化""浸化""示化"以及"感化"在一定意义上停留在受众的感性认知层面,而要将文艺作品中得来的感性认知上升到理想认知层面,形成完整的认知结构,则需要意义世界里的"悟化"。正如习近平所说,"一切艺术创作都是人的主观世界和客观世界的互动,都是以艺术的形式反映生活的本质、提炼生活蕴含的真善美,从而给人以审美的享受、思想的启迪、心灵的震撼"[①]。这是文艺创作的要求,也是文艺创作的目的。

受众需要从这些以培育和弘扬社会主义核心价值观为创作出发点之一的,用中国人独特的思想、情感、审美去创造的,彰显时代特色、体现中国风格的作品中产生"悟化"。这种"悟化"要求文艺工作者思考一些具有普遍意义的问题,得出一些结论。如是否能通过向高校学生介绍蕴含西方所谓的"普世价值"的文学作品,使学生从中西方不同的文学作品中感受到两种不同核心价值观念的本质所在,以此向学生揭示西方"普世价值"的实质,使学生清楚西方资本主义所谓的"普世价值"的推广的实质是意识形态征服战。进行"普世价值"渗透,目的就是要按西方政治理念和制度模式改造中国的政治制度,废除马克思主义的指导地位,推翻中国共产党的领导,最终实现西化、分化中国的图谋。西方国家的民主、自由、人权等并非超阶级、超国家、超时空的存在。价值是具体的、相对的、变化的,价值共识不等于西方"普世价值",西方的"普世价值"也并非一种"共

---

① 习近平.在中国文联十大、中国作协九大开幕式上的讲话[M].北京:人民出版社,2016:17.

同的道德"。联想到恩格斯在《路德维希·费尔巴哈和德国古典哲学的终结》中指出的"共同利益",我们要知道"社会既然有共同利益,必然也有反映社会共同利益的道德观念,这种道德可以称为共同的道德,即不同阶级共同承认的道德"[1]。抓住社会主义核心价值观与西方所谓"普世价值"某些字面上的重合,宣称中国的社会主义核心价值观就是西方的"普世价值",是错误的结论。中国的社会主义核心价值观中蕴含的各种精神是一种"普惠价值",这种价值观念才是基于共同利益的"共同的道德",亦是列宁在《国家与革命》中所言的"公共生活规则"[2]。正如张岱年认为,"在历史上,社会公共道德的产生早于阶级道德。人类道德起源于原始共产制社会,当时阶级尚未分化,已经有共同遵守的道德"[3]。中国的社会主义核心价值观以中华优秀传统文化为内涵,必然吸收了先秦时期的公共生活规则,而先秦时期的公共生活规则,如儒家对大同社会的构想是对原始社会的一种怀想,这种以天下为公、选贤与能、讲信修睦、人得其所、人人为公、各尽其力为核心内容的理想型社会,表达出了人们对美好生活的最朴素的愿望和追求。这并不是说中国的社会主义核心价值观产生于对原始社会的一种空想。社会主义核心价值观能够作为一种普惠价值应用于人类社会的发展中,因为其产生的根源不同于思想政治教育(思想政治教育的产生是基于阶级和国家的产生,其产生于思想政治教育产生之前),其根本目的在于观照人的生存状态、人类最渴求的价值目标等,并且其是在最为原始的生命哲学中呈现出的人类共有的价值理念。在这种意义上,社会主义核心价值观既具有民族特色和中国特色,亦含有人类共同价值的重要因素。因此,社会主义核心价值观可作为一种普惠价值,推动人类命运共同体的构建。我们要通过这种比较教育法使学生认清"普世价值"的真正面目,增强高校学生的文化自信,从而更好地培育和践行社会主义核心价值观。我们要注重宣传教育、示范引领、实践养成相统一,注重政策保障、制度规范、法律约束相衔接,使社会主义核心价值观融入人们的生产生活和精神世界。这一过程完成了由抽象思维转移到形象思维,再

---

[1] 张岱年.中国伦理思想研究[M].南京:江苏教育出版社,2009:41.
[2] 中共中央马克思恩格斯列宁斯大林著作编译局.列宁选集:第三卷[M].3版.北京:人民出版社,2012:191.
[3] 张岱年.中国伦理思想研究[M].南京:江苏教育出版社,2009:42.

由形象思维转移到无意识境界的转化，即使得人们对社会主义核心价值观的认识从入眼、入耳到入脑、入心，再到体现于行。这样文艺育德抑或说文艺的思想政治教育功能才能真正实现。

四、文艺育德管理论

"党的领导是社会主义文艺发展的根本保证。党的根本宗旨是全心全意为人民服务,文艺的根本宗旨也是为人民创作。"[1]在我国,社会主义文艺是党在进行社会主义建设的过程中逐渐形成的先进文化形态,具有阶级属性,并服务、服从于党的引领。这也就使得社会主义文艺的根本宗旨和党的宗旨高度一致。

(一)紧紧依靠广大文艺工作者

"现实的人"是揭示人类历史发展规律的前提,在社会主义文艺领域中,"现实的人"首要的就是指广大的文艺工作者,因为文艺工作者是推动文艺事业发展的主体,是在社会主义文艺领域展开认识活动和实践活动的关键因素。文艺工作者作为在生活困境中为人类寻求精神家园的主体之一,不仅是文艺作品的撰写者,更是当下思想政治教育实践活动的践行者。文艺育德这一思想政治教育的特殊存在形式在需要审美的思想政治教育学的发展中,起着举足轻重的作用,而实现文艺育德的重要前提即是优秀的文艺工作者。"伟大的文艺展现伟大的灵魂,伟大的文艺来自伟大的灵魂。"[2]重视"伟大的灵魂"的存在和发展,是推动伟大的文艺产生的重要因素,因此文艺发展和思想政治教育必须紧紧依靠广大文艺工作者。反之,也需要党对文艺工作者和文艺事业进行方向引导和管理监督,而党对文艺的领导并不是指文艺要为政治服务、从属于政治,而是指党要根据文艺固有的认识世界、改造世界的内在规律,充分发挥艺术民主精神,去引领社会主义文艺的发展,使文艺本身蕴含社会主义先进文化的精神内

---

[1]习近平.在文艺工作座谈会上的讲话[M].北京:人民出版社,2015:27.
[2]习近平.在中国文联十大、中国作协九大开幕式上的讲话[M].北京:人民出版社,2016:17.

核并教育人民。同时,中国文联、中国作协是党和政府联系广大文艺工作者的桥梁,在团结文艺工作者方面负有重要职责。因此,习近平总书记着重强调,"新形势下,文联、作协,要深化改革,工作向基层倾斜,服务向最广大文艺工作者拓展,改变机关化、行政化倾向,不断增强组织活力"①。这表明,制度和管理是事物良性发展的必然要求,党要紧紧依靠的文艺工作者是在文联、作协管理、规范下的文艺工作者,是能够推进社会主义文艺事业大发展大繁荣的文艺工作者。

(二)尊重和遵循文艺规律

我国社会主义国家的国家性质决定了我国文艺的发展要尊重和遵循文艺规律。首先,要坚持为社会主义服务、为人民服务的"二为"方向。这是党对文艺战线提出的一项基本要求,也是决定我国文艺事业发展方向的关键。只有牢固树立马克思主义文艺观,真正做到以人民为中心,文艺才能发挥最大正能量。这种正能量才能具有思想政治教育的功能,才能实现文艺育德。质言之,文艺生产作为一种精神生产,具有所处特定时代的意识形态属性,必然是体现这一时期的统治阶级的思想的。因此,没有超阶级的文艺,社会主义文艺代表无产阶级的利益,必须为人民服务,但文艺和政治是两种不同的社会意识形态的体现,文艺的发展不能是文艺服从政治式的发展,在一定意义上,两者是相辅相成的。其次,要坚持百花齐放、百家争鸣的"双百"方针。"优秀作品并不拘于一格、不形于一态、不定于一尊,既要有阳春白雪、也要有下里巴人,既要顶天立地、也要铺天盖地。只要有正能量、有感染力,能够温润心灵、启迪心智,传得开、留得下,为人民群众所喜爱,这就是优秀作品。"②

"二为"方向是"双百"方针的实施指南,只有坚持在"二为"方向的指导下,才能创作出时代精品,否则即便"再热闹、再花哨,那也只是表面文章,是不能真正深入人民精神世界的,是不能触及人的灵魂、引起人民思想共鸣的"③。停留在表面的百花齐放和百家争鸣,并不能真正满足人民

---

① 习近平.在中国文联十大、中国作协九大开幕式上的讲话[M].北京:人民出版社,2016:20.
② 习近平.在文艺工作座谈会上的讲话[M].北京:人民出版社,2015:7-8.
③ 习近平.在文艺工作座谈会上的讲话[M].北京:人民出版社,2015:7.

的精神文化需求和审美需要,更不可能促进社会主义文艺事业的繁荣。反之,文艺创作要坚持"二为"方向,不是要求以单一的题材和形式进行创作,也不是要求单一的文艺工作者进行创作,而是要坚持"双百"方针,多元发展。

(三)因势因时把握好文艺批评

文艺批评受文艺理论的指导,是文艺理论的具体运用和实践,是对以文艺作品为中心的一切文艺现象进行分析、评价的科学活动,与文艺创作共同构成文艺事业的两翼。其不仅帮助文艺家理解和掌握文艺的性质、特点,还反馈信息,促使文艺家更关心自己作品的审美价值和社会效果;不仅帮助文艺家确定文艺作品的社会价值和艺术价值,还帮助欣赏者欣赏、理解、把握作品,使对象与欣赏主体结合发挥社会作用。[1]因此,真正有效的文艺批评能推动社会主义文艺事业的发展,实现以文化人、以文育人。

习近平认为目前文艺批评界存在的问题主要有"表扬甚至庸俗吹捧、阿谀奉承"之风犹在、"套用西方理论来剪裁中国人的审美"、信奉"红包厚度等于评论高度"。[2]文艺批评属于更加学术化的层面,拥有引导、解读及褒贬甄别的功能,文艺界的不正之风必然会影响文艺创作的良性发展,也必然会影响育德的效果。大多数文艺作品的内涵都比创作者要表达的更丰富。现阶段,我国确实存在许多低俗、浮躁、肤浅的文艺作品,如果审查和监管的过程并没有太多的纰漏,那么这些作品是怎样被解读的也是一个可以探究的问题。在文艺介绍和批评的过程中是否存在人为地夸大某些负面能量的行为也未可知,而过多的误读和不良引导导致文艺作品丧失育人功能甚至产生负面影响,则可能引出文艺批评的管理和规范问题。要守住优秀文艺作品得以产生的良好环境这一前提性的物质条件,需要文艺理论界和文艺工作者加强对文艺批评理论的学习和运用。比如,文艺批评要注意到文学的党性问题。马克思把文学艺术的发展和进步同党派斗争联系起来。马克思和恩格斯认为革命民主主义者应该在政治斗争中有十分明确的党派立场。而对文艺作品的党性问题的系统论述则是由

---

[1]刘建明.宣传舆论学大辞典[M].北京:经济日报出版社,1992:577.
[2]习近平.在文艺工作座谈会上的讲话[M].北京:人民出版社,2015:29.

列宁完成的。列宁在《党的组织和党的出版物》一书中提出的出版物的党性原则包括五个方面:第一,对于社会主义无产阶级来说,写作事业不是与无产阶级总的事业无关的个人事业,而是党的事业;第二,党的写作事业应当成为无产阶级总的事业的一部分;第三,自由的写作是为千千万万劳动人民服务的;第四,党的宣传机构必须接受党的领导,党的出版物必须接受党的监督;第五,党对写作事业的领导和监督,必须充分注意写作事业的特殊性。[①]在列宁的党性学说传播到我国以后,毛泽东在《讲话》中对此做了全面、深入的论述,他指出:"我们是站在无产阶级的和人民大众的立场。对于共产党员来说,也就是要站在党的立场,站在党性和党的政策的立场。"[②]文艺创作的党性原则同时也为文艺批评指出了一定的方向,但是我们也要看到,彼时的党性非此时的党性,必须站在历史唯物主义的视野中看待文学作品何以蕴含党性的问题。总而言之,好的文艺批评并非轻而易举之事。专注于作品本身、深入研究文本与现实之关系并将批评提高到美学层次,这既需要批评家炼"才"、炼"能",也需要批评家炼"德"、炼"行"。这样才能营造风清气正、有正能量,引导人和鼓舞人的文艺环境。由此,才不会造成对文艺育德这一社会行为的消解,真正达到以文化人、以文育人的目的。

[①]周忠厚,边平恕,连铗,等.马克思主义文艺学思想发展史(上)[M].北京:中国人民大学出版社,2007:492-498.
[②]中共中央文献研究室.毛泽东文艺论集[M].北京:中央文献出版社,2002:49.

第八章
文艺育德的运行机制

　　文艺育德实践活动的开展,一方面需要遵循从原来的实践中上升为原则性要求的规定,即以文化人与化人之文、一元主导与包容多样、教育与自我教育结合的原则;另一方面,需要把握好规律性要求,即处理好教育目标与教育对象之间、教育方法与教育主体之间、教育内容与教育载体之间、教育环境与教育管理之间的关系。由此才能发挥文艺育德的效能,提升思想政治教育的实效性。

一、文艺育德的主要原则

(一)以文化人与化人之文

人学是中华文化的核心要义,在以民族特有的审美取向建构出的人性假设下对个体的人格教化是中华文化精神之所在。"中华优秀传统文化已经成为中华民族的基因"[1],以"修齐治平"为主线将向外学习与内省自悟结合,以"文"与"化"实现修德、为学和才干集于一体并在忠恕之道中得以统一。这一文化基因承续于新时代,需要利用蕴含时代精神之"文",通过彰显艺术魅力之"化",培育担当民族复兴大任的时代新人,使"文"与"化"在思想政治教育的创新发展中实现辩证统一、与时俱进、协同发展,提升思想政治教育的实效性,完成新时代思想政治教育的学科使命。

其一,化人之文是以文化人的内在根据。"华夷文化秩序观中潜在的'自我中心'意识在明清时期进一步蜕变成'文化自大'心理,中华传统文化在这一文化心理的作用下走向了闭关自守,失去了自我进化的历史机遇,继而发生了由盛转衰的历史悲剧。鸦片战争后,中国人面对西方文明的强势入侵,出现了'文化自卑'心理,进而引发了以'文化自省'为主题的新文化运动。"[2]正如张岱年先生提出的问题,"中国文化发展了几千年,在上古、中古时代都居于世界的前列,只有近二百多年落后了,难道对于二百年前曾经居于世界前列的中国文化必须全面否定吗?"[3]俄国十月革命后,中国人于"传统与现代""旧学与新学"的交相争辩中选择了马克思列宁主义,使中华民族实现了站起来、富起来和强起来的三次伟大飞跃,亦

---

[1] 习近平.青年要自觉践行社会主义核心价值观——在北京大学师生座谈会上的讲话[N].人民日报,2014-05-05(2).
[2] 张建忠.论中国特色社会主义文化自信生成的历史逻辑及启示[J].社会主义研究,2019(2):48.
[3] 张岱年.张岱年全集:第六卷[M].石家庄:河北人民出版社,1996:261.

由此意识到"我们信奉马克思主义是正确的思想方法,这并不意味着我们忽视中国文化遗产和非马克思主义的外国思想的价值"①。

文化是一个国家、一个民族的灵魂。2018年8月,习近平在全国宣传思想工作会议上强调,"文化自信是更基础、更广泛、更深厚的自信,是更基本、更深沉、更持久的力量"②。从党的十八大以来的习近平总书记系列重要讲话精神中不难得知,"文化自信"中的文化,不是别的什么文化,就是"中国特色社会主义文化",其"源自于中华民族五千多年文明历史所孕育的中华优秀传统文化,熔铸于党领导人民在革命、建设、改革中创造的革命文化和社会主义先进文化,植根于中国特色社会主义伟大实践"③。质言之,化人之文是指中国特色社会主义文化,而具体到文艺育德中,文艺育德生成的前提即是优秀文艺工作者创作的文艺精品,文艺精品体现在前文论述过的三个层面,即传统经典、中外相通和时代之作。文艺是文化载体,也是传播文化的有力手段。一定时代的文艺总生长于一定社会的文化土壤中,它是一定社会文化土壤上凝结的人类精神的果实。社会主义文艺是时代文化的重要载体,文艺事业的发展必然能够推动文化的发展,发展社会主义文艺是夯实我国文化软实力的重要力量。这是以文化人能进行"化"这一社会实践活动的基础条件。

其二,以文化人是化人之文的发展动力。以文化人就是以人类创造的丰富精神文化成果来熏陶人、感染人、教化人,是教育特别是思想政治教育的重要命题,也是中华优秀传统文化的应有品质。以文化人最早充分体现在先秦儒家"乐者,通伦理者也"的艺德统一的思想中。孔子与其学生谈论如何成为君子的记载不仅明确指出仁德的含义,并且指出了诸如"主忠信,徙义,崇德也"之类的提升仁德修养的途径。因此在先秦儒家时期,在艺术发展中,这种德性文化渗透于当时的文学艺术之中,且"德"和"艺"之间存在紧密的辩证关系。

一方面,"德"被作为不可或缺的内在要因之一注入了"艺"之中。如,儒家对"音"和"乐"予以区分,其根由之一就是"乐"比"音"多了"德",渗

---

① 中共中央文献研究室.毛泽东文集:第三卷[M].北京:人民出版社,1996:191.
② 习近平.论党的宣传思想工作[M].北京:中央文献出版社,2020:338.
③ 习近平.决胜全面建成小康社会 夺取新时代中国特色社会主义伟大胜利——在中国共产党第十九次全国代表大会上的报告[M].北京:人民出版社,2017:41.

透、涵养着先秦儒家所崇之"德"。所以"艺"中彰显着"德",以起到"化性起伪"的教育作用。另一方面,"德"又是艺术所应彰示的根本内容。即"艺"应循于"德"、彰显"德"。先秦儒家的艺德统一模式使艺术具有"感人深""化人速"之用。这一儒家文化传统在中国近代选择了马克思列宁主义新文化后,与之相融合,使马克思主义实现与时俱进的中国化发展。毛泽东指出要"将古代封建统治阶级的一切腐朽的东西和古代优秀的人民文化即多少带有民主性和革命性的东西区别开来"[1],要"清理古代文化的发展过程,剔除其封建性的糟粕,吸收其民主性的精华"[2]。毛泽东的一系列论述将马克思主义与传统文化相融合,创造出了民族的科学的大众的文化。也正是在民主革命时期,毛泽东将文艺育德纳入思想政治教育系统中,开辟了革命与建设过程中的以文化人道路。

无论在历史发展的什么时期,中华民族均是以兼收并蓄、厚德载物的包容态度发展中华文化并进行以文化人,正因为此,中国人以通过文化"修身"为起点,最终实现"齐家、治国、平天下"的目的。这表明以文化人是化人之文的艺术彰显,并且"文"在"化"的过程中不断实现革故鼎新、与时俱进的创新发展。党的十八大以来,习近平多次强调,要"用中华民族创造的一切精神财富来以文化人、以文育人"[3]。以文化人视域下的文艺育德,通过化人之文(指代文艺),即优秀的文艺作品进行教育活动,使人浸润在有思想、有温度的文化氛围中,并通过这种熏陶和影响内化特定的思想、观念和情感,最终将其外化为行为习惯。

综上,文艺育德视域中的化人之文与以文化人之间存在内在辩证关系,并在思想政治教育学科的与时俱进中不断发展。中国特色社会主义进入了新时代,是对数十年来中华民族坚定不移走社会主义道路、建设中国特色社会主义的宝贵经验和骄人成绩的历史褒奖,又是立足当下对我国仍处于社会主义初级阶段、社会主要矛盾发生重大变化的历史方位和基本国情的深刻把握,更是面向未来指引全国各族人民勠力同心、再接再厉实现"两步走"战略目标,实现民族复兴伟大梦想的时代呼唤。中国共产党始终高度重视思想政治教育在党的各个历史时期的重要作用,从"生

---

[1]毛泽东.毛泽东选集:第二卷[M].2版.北京:人民出版社,1991:708.
[2]毛泽东.毛泽东选集:第二卷[M].2版.北京:人民出版社,1991:707.
[3]习近平.习近平谈治国理政[M].北京:外文出版社,2014:164.

命线"和"中心环节"到"功能论",再到"价值论",积累了丰富的实践经验和理论成果,这已成为党和国家的优良传统和政治优势。在新时代条件下,思想政治教育学科需要因事而化、因时而进、因势而新,不断创新发展以提升思想政治教育的实效性。回顾思想政治教育发展的历史,我们发现其本身在不同时期,会根据党的中心工作与任务的不同而各有侧重,结合中国实际与时俱进、创新发展,服务于社会建设和人的自由全面发展。因此,思想政治教育创新发展的需要在文艺育德中的体现即是,首先需要大量的蕴含时代精神的文艺精品,即化人之文的存在,"通过文艺作品传递真善美,传递向上向善的价值观,引导人们增强道德判断力和道德荣誉感,向往和追求讲道德、尊道德、守道德的生活"[①]。其次,需要在社会实践活动中不断反思、改进原有的教育方法,使其提升到更高的艺术层面,使以文化人的技巧和方法在思想政治教育学科与时俱进、创新发展的历史进程中不断得到完善。

综上,化人之文是以文化人的内在根据与价值底色,以文化人是化人之文的发展动力和艺术彰显,两者在辩证互动中得以发展、完善,由此提升思想政治教育的实效性,完成新时代思想政治教育的学科使命。

(二)一元主导与包容多样

一元主导即是要求文艺育德坚持马克思主义在意识形态领域的指导地位。党和国家指导思想在我国社会主义意识形态中占据统摄地位。实践证明,马克思主义始终是我们党和国家的指导思想,是我们认识世界、把握规律、追求真理、改造世界的强大思想武器。文艺育德必须坚持马克思列宁主义、毛泽东思想和中国特色社会主义理论体系的指导与引领。当前,中华民族伟大复兴正处于"两个大变局"中,我们要赢得优势、赢得主动、赢得未来,必须在习近平新时代中国特色社会主义思想的指导下开展新时代的思想政治教育工作,而学习、落实习近平新时代中国特色社会主义思想,以其铸魂育人,是新时代思想政治教育学科的重要使命。这一伟大的理论创新需要融入新时代文艺创作中,成为新时代文艺事业发展

---

①习近平.在文艺工作座谈会上的讲话[M].北京:人民出版社,2015:25.

为社会主义服务、为人民服务的重要体现。在具体的学习中,我们要多进行研讨式、调研式的深度学习,多接地气,多深入生活,真正入脑入心,在学深悟透上下功夫。

从文艺育德助力社会主义文艺事业发展与文化强国建设的维度思考,则需要突出民族精神中"公共精神"信念的教育。这既是在国际社会中树立"国家形象"的长远之策,又是构建一种涵摄"公共性"文化精神与价值理念追求于其中的、富于鲜明时代特色的开放的民族精神新生形态之必需。①这就要求文艺育德的发展需汲取世界其他民族的优秀文化精华。人类命运共同体在滚滚历史长河中,以一种历史视角和未来意识看待人类共同的命运,亦以至大无外的无边界感来联络一切可以团结的力量,寻找和谐共存的可能性,使众多单个的"我"能够真正成为共同的"我们",使"我"产生"我们感",实现"心在一起、和谐共存"。而实现"心在一起"的方式即是人类文明的交流与互鉴。其一,实现以"人"(个体性的人、群体性的人和类性相统一的人)为关注对象的人类个体之间的文化交流。这种交流如潺潺流水,在不经意间便会流进彼此心间,形成一定的纽带,而个人发起的文化交流活动往往也会对民族与国家产生极为重要的影响。正如马克思主义早期在中国的传播中,先进知识分子的个体式交流发挥了极为重要的作用。其二,是民族国家之间的文化交流。以主权国家为单位的文化交流往往带有宏观性,辐射性更为宽泛。例如"一带一路"不仅是经济共同体的倡议,亦是文化交流的重要方式。

在这两种交流下,优秀文化传播了进来,同时,文化交流中亦存在着不利于中国特色社会主义发展的错误思想,尤其是一些西方社会的错误思潮。一是新自由主义与中等收入陷阱。鼓吹极端个人主义,推崇个人权利而限制公权力,贬低和否定集体主义,试图造成经济危机、就业危机甚至政治动乱的现象来影响我国经济发展。二是宪政民主论与"修昔底德陷阱"。西方"宪政民主"作为一个涉及国家根本大法、社会根本制度、政权组织形式等重大问题的政治概念,无论是从理论来源,还是从阶级实质、制度实践来说,都旨在维护资产阶级的统治。中国和平崛起,实现了从"弱"向"强"的成功演变,但并没有陷入"修昔底德陷阱"的战略意图、行

---

①袁祖社."公共精神":培育当代民族精神的核心理论维度[J].北京师范大学学报(社会科学版),2006(1):108.

动基因、思维范式影响中。三是普世价值论与西化分化陷阱。通常是通过经济制裁、政治施压、文化殖民、非军事化打击等渠道,利用"普世价值"的旗号干涉他国内政,以"反思"为名,利用各种手段煽动群众,扶持意见领袖,建立一种同质的价值观来实施其政治霸凌行为。四是历史虚无主义与"塔西佗陷阱"。以肆意歪曲历史、抹杀历史真相为主要特征的历史虚无主义在当下仍旧在混淆视听,打着"理性反思""重新评价""还原真相""范式转换"的幌子,企图消解主流意识形态。①

对于这些错误思潮,文艺育德同样需要筛选与甄别。比如利用以东欧剧变、苏联解体为历史背景的文学作品,抑或是直接以此为重要叙事脉络的具有社会主义倾向性或政治倾向性的文学作品,使受教育者认识到这些错误思潮的危害。

(三)教育与自我教育结合

教育强则国家强,建设教育强国是中华民族伟大复兴的基本工程。"在一个文盲充斥的国家里,是不能建设成共产主义的。"②党的十九大,习近平总书记提出了"加快一流大学和一流学科建设,实现高等教育内涵式发展"③的目标。

文艺育德坚持教育与自我教育相结合的原则,首先需要明确一点,这一原则中的教育是指文艺育德教育主体以隐性教育形式对教育对象施加的主动的、有目的性的实践活动,旨在坚持将立德树人贯穿于各个环节,在教育过程中使个体成为具有"执着的信念、优良的品德、丰富的知识、过硬的本领"④的时代新人。"玉不琢,不成器;人不学,不知道。"(《礼记·学记》)教育要对作为璞玉的学生施加一定的影响,即不断的"雕琢",当下的教育理念虽倡导以学生为主体,但也不能忽视教师的主导地位。教师的合乎规律、合乎教育科学与理念的教育实践活动能够真正使学生认识到自己,实现从客体世界向主客体互动世界的转化。由此我们才能激发教

---

①《历史虚无主义辨析》编写组.历史虚无主义辨析[M].北京:学习出版社,2017:1.
②习近平.摆脱贫困[M].福州:福建人民出版社,1992:177.
③习近平.决胜全面建成小康社会 夺取新时代中国特色社会主义伟大胜利——在中国共产党第十九次全国代表大会上的报告[M].北京:人民出版社,2017:46.
④习近平.在北京大学师生座谈会上的讲话[N].人民日报,2018-05-03(2).

育实践活动中的"自我教育"。

其次是教育学中的自我教育。在文艺育德中,比起教育,更为重要的是自我教育,这是由其存在形式所决定的。文艺育德作为价值主体间运用文艺作品培育教育对象的思想意识、价值观念的实践活动,主要需要教育对象由自发走向自觉,主动激发需求。正如著名教育家苏霍姆林斯基认为,自我教育可以使学生在认识周围世界、大自然、劳动和社会生活的同时,也认识自己,"只有能够激发学生去进行自我教育的教育,才是真正的教育"[1]。简而言之,作为教育对象的学生,不仅要认识客观世界,还要认识主观世界,即有一定的认识自我的能力,这是自我教育的前提和基础。同时,一个学生的自我教育是一种自觉的、有意识的、提高自身能力的活动,它必须借助发展到一定高度的自我意识来进行。为此,苏霍姆林斯基进一步指出:"一个少年,只有当他学会了不仅仔细地研究周围世界,而且仔细地研究自己本身的时候;只有当他不仅努力认识周围的事物和现象,而且努力认识自己的内心世界的时候;只有当他的精神力量用来使自己变得更好、更完善的时候,他才能成为一个真正的人。这里说的就是学生在精神生活的一切领域里的自我教育。"[2]可以看出,自我教育不同于一般教育行为的根本特征是,它既以自身为教育的主体,又以自身为教育的客体,是主客体统一于一身的过程,是主体完善自我的一种个人活动。

综上,在思想政治教育视域中,也即在文艺育德实践活动中,自我教育是指一种"在思想政治教育者的引导下,受教育者通过自我学习、自我修养、自我反思等方式,主动接受符合社会要求的思想观念、价值观点、道德规范,以提高自身思想道德素质的方法"[3]。从这一界定中我们不难看出,自我教育的关键点在于受教育者主动地接受教育内容,以自我学习、自我修养、自我反思的方式,将主动向外学习与内省自悟相结合,并且突出了内省自悟的重要性。这与文学作品产生的在意义世界里的悟化作用相通,其实质亦是教育对象积极的自我教育。需要注意的是,"运用自我教育法,强调教育对象自己教育自己,并不意味着教育者放弃责任,放任

---

[1] B.A.苏霍姆林斯基.给教师的建议[M].杜殿坤,编译.2版.北京:教育科学出版社,1984:341.
[2] B.A.苏霍姆林斯基.给教师的建议[M].杜殿坤,编译.2版.北京:教育科学出版社,1984:338-339.
[3] 陈万柏,张耀灿.思想政治教育学原理[M].3版.北京:高等教育出版社,2015:225.

不管,相反,它对教育者提出了更高的要求"①。

  质言之,坚持文艺育德中教育与自我教育相结合的原则,不仅要求教育主体原本的主导地位的作用与权威不会减弱,并且要求受教育对象在文艺育德实践活动中或者日常工作学习中,将自己作为文艺育德的教育对象,注重先秦儒家倡导的"修齐治平"的成长成才路径中的积极因素,有意识地、主动地解决自身的思想道德素质与社会所需要的思想道德素质之间的矛盾,并实现对社会所需要的道德情操的知情意行的统一,真正成为特定时代所需要的人。当下,中国特色社会主义进入新时代,我们要让人们主动通过自我教育的方式,在党的教育方针、政策、路线与理念的引领下,逐渐成长为肩负民族复兴大任的时代新人。

---

① 陈万柏,张耀灿.思想政治教育学原理[M].3版.北京:高等教育出版社,2015:226.

二、文艺育德中的劝服性传播的基本规律

在传播学中,所谓劝服性传播,是指"有明确意图的传者欲向受者施加影响的传播行为"[①],而"劝服"与"宣传"意思相近。思想政治教育的本质即是对社会主义意识形态的宣传和巩固。因此,在一定意义上文艺育德中存在某种程度的劝服性传播,但是这是一种隐性的劝服性传播。我们可以根据以霍夫兰为首的耶鲁学派对劝服性传播的研究结果,基于这一视域来研究文艺育德发生与作用的规律。

(一)传者的条件:德育工作者掌握铸魂艺术

德育工作者是文艺育德活动的基本要素之一,是文艺育德生成过程的重要一环,在文艺育德中居于主体地位,是文艺育德活动的发动者、组织者和实施者,具有主导性、示范性和创造性的特点。德育工作者在文艺育德中起着至关重要的作用,直接决定着文艺育德功能的实现效度。文学作品的育德功能可以体现在思想政治教育对象自我教育情况下的直接教育中,也体现在德育工作者参与的将理论育德和文艺育德相结合的引导式的间接教育中。这里主要探讨在间接教育中的德育工作者,即思想政治教育工作者需要具备的条件。

文艺育德的队伍除高校教师与文艺工作者之外,还应该存在进行具有思想政治教育特征的实践活动的、在家庭中起家风教化作用的家长等,他们共同承担着思想政治教育主体的责任。这里尝试简化马克思青年时期的一些前后联系的经历,以此说明前文已论述的三类文艺育德主体应各处于什么样的地位。马克思出生于普鲁士王国莱茵省特里尔市的一个律师家庭,祖父是一名犹太律法学家,他的父亲亨利希·马克思是一名律

---

① 张国良.传播学原理[M].2版.上海:复旦大学出版社,2009:241.

师。因此,马克思早年深受浓厚家学渊源的影响。1830年10月,马克思进入特里尔中学,并在这里接触了不久以后将会流亡至巴黎的诗人海因里希·海涅的作品与歌德、埃斯库罗斯的作品,他努力背下了这些用他所不熟知的德语写成的诗句。中学毕业后,马克思进入了波恩大学,对这一时期,我们通过马克思与父亲的通信发现"当年(1836年)卡尔阅读的所有书籍或作者名录:席勒,歌德,莱辛的《拉奥孔》,温克尔曼编著的《艺术史》,卢登撰写的《德国史》……。他开始创作历史小说《斯考尔皮昂和费利克斯》(但写完几个章节后,卡尔便放弃了)和悲剧《乌兰内姆》(这出戏剧只有一个场景,卡尔将此作品寄给了父亲)。他想同时成为作家、哲学家和诗人"[1]。很重要的一个原因是,19世纪30年代的柏林人只能通过文学作品了解摩尔人,其中最广为人知的作品便是《奥赛罗》,莎士比亚的作品在那时深受欢迎。马克思经历的家庭教化与学校教育,使其对社会问题有着敏锐的嗅觉,他以高度的道德自觉,关注到饥饿驱使贫民到森林里捡拾枯枝、采摘野果的社会现象,由此产生了马克思主义发展史上有名的"林木盗窃问题",马克思也开始了他的革命生涯。

这里所说的传者的条件,是指纯粹的全职的思想政治教育工作者的条件和文艺工作者的条件的共通的部分。要充当好思想政治教育的主体,首先,无论是全职还是兼职人员,均应具有较高的个人素质,正如亚里士多德所言,传者的个人素质由于能使受者对传者产生信赖而成为"最有效的说服手段"[2],这种个人素质中就应包括相对较高的文学素养。其次,德育工作者应该具有扎实的理论功底,思想政治教育的根本任务即是用马克思主义理论武装人民群众,不断提高人们认识世界、改造世界的能力。因此,德育工作者应牢牢掌握马克思列宁主义、毛泽东思想以及中国特色社会主义理论体系的内容。再次,德育工作者应该具备扎实的专业知识,如关于思想政治教育学方面的基本原理和理论等,这是做好德育工作者的重要前提。这些专业知识能够保证德育工作者知道什么是思想政治教育、为什么要思想政治教育、自己如何进行思想政治教育等。最后,德育工作者应该将以人为本、尊重关爱、客观公正的原则铭记于心,并将其贯彻到德育工作的全过程。

---

[1] 雅克·阿塔利.卡尔·马克思:世界的精神[M].刘富成,陈玥,陈蕊,译.2版.上海:上海人民出版社,2018:22.
[2] 龚文库.说服学——攻心的学问[M].北京:人民出版社,1994:20.

（二）内容的构成：如何运用优秀文艺作品载体

在传播学中，内容的构成是指"同一内容，由于构成方法不同而导致效果各异"[1]，具体包括了"一面型和两面型""理智型和情感型""开头和结尾"等构成形式。我们将这一原理引入文艺育德，旨在利用更好的技巧将蕴含中国精神与人类共同价值的文艺作品，这一思想政治教育的载体的功能发挥到最优。文艺育德的实质是借助文艺作品，运用隐性教育手段育德。因此，文艺育德主要是运用"理智型和情感型"相结合的教育方法，即在文艺育德过程中，德育工作者即传者实质上常常运用优秀文艺作品，通过情感影响、感化思想政治教育对象，这是一种"将结论隐含"的"暗示"[2]教育过程。但在这一过程中德育工作者进行的不是纯粹的感性教育，而是在充分掌握相关理论的前提下，针对教育对象对思想政治教育内容的排斥和逆反心理，进行隐性教育。这种潜移默化、曲径通幽的教育需要借助高度的情感渲染力，充分抓住教育对象的心理诉求，在满足其情感需要抑或审美需要的同时"灌输"需要教授的内容。

作如是观，在文艺育德的实践过程中，德育工作者运用恰当的方法将思想精深、艺术精湛、制作精良的，"讴歌党、讴歌祖国、讴歌人民、讴歌英雄"[3]的精品力作作为重要载体，将其中蕴含的伟大时代精神和先进道德思想等潜移默化地传输给受教育者，使受教育者的已有认知图式发生相应的转变，提升他们的思想、政治、道德水平，提升他们认识世界和改造世界的能力，以及实现自我全面发展的可能性，由此使受教育者实现个体价值和社会价值的有机统一。

（三）受者的特性：教育对象的普遍性和特殊性

文艺育德的教育对象是文艺育德的又一基本要素，是在文艺育德活动中的德育工作者教育的对象，在文艺育德过程中居于次要方面，起着参与和配合的作用，是文艺育德活动不可或缺的要素，也是文艺育德活动的

---

[1] 张国良.传播学原理[M].2版.上海：复旦大学出版社，2009：242.
[2] 张国良.传播学原理[M].2版.上海：复旦大学出版社，2009：243.
[3] 习近平.决胜全面建成小康社会　夺取新时代中国特色社会主义伟大胜利——在中国共产党第十九次全国代表大会上的报告[M].北京：人民出版社，2017：43.

出发点和落脚点,具有受控性、能动性和可塑性的特征。思想政治教育工作从根本上说是做人的工作,蕴含浓厚的人本观,文艺育德作为思想政治教育的重要组成部分(重要的研究领域),理应坚持立足教育对象所处的生活实际,高度关注教育对象的现实需要,拒绝不关注教育对象的"对牛弹琴"式的传播行为,关注受教育者的现实需要的前提即是厘清受教育者的普遍性和特殊性。对"劝服"的难易度的研究,发现了受众群体的强大制约作用。

文艺育德的教育对象的普遍性是指接受教育的对象是一切人抑或群体。其特殊性则要求德育工作者掌握不同的群体所具有的不同特征。因不同群体的审美情操和思想境界各有不同,采用的文艺作品的思想内涵不能过低也不能过高,要使"教育要求与受教育者思想政治素质发展之间保持适度张力"[①]。

思想政治教育的主要教育对象为青年和领导干部,对特定对象的教育要采用具有针对性的教育内容和方法,即有的放矢、对症下药。青年是国家的未来和民族的希望,是党和人民事业发展的推动力量,具有较强的可塑性,这些都使青年成为思想政治教育的重要对象。青年群体,尤其是青年学生,处于价值观、人生观和世界观形成的过程中,尚未构建出科学合理的认知体系,但个体先前已经具有原有的认知图式。而全球化、信息化、草根化等激烈的社会变迁让青年处于前所未有的活跃时期,他们的话语权不断增大,他们作为独立先行者的地位和他们的文化反哺作用得到了主流社会的更多认可。但随之而来的也有生存压力的陡增和对文化震惊的不适等,这使得青年问题再次现实地构成了社会问题的一部分。

因此,在对青年进行教育时,德育工作者应该更加侧重情感方面,通过动之以情的方式进行教育。例如,"领导干部是指率领并引导群众朝一定方向前进的人"[②],他们作为思想政治教育的主要对象是由其在社会中所处的地位和所起的作用决定的。正如习近平在谈到建设社会主义法治国家时所强调的那样,"必须抓住领导干部这个'关键少数',首先解决好思想观念问题"[③]。而领导干部一般具有坚定的马克思主义信仰和理论基

[①] 张耀灿,郑永廷,吴潜,等.现代思想政治教育学[M].2版.北京:人民出版社,2006:355.
[②]《思想政治教育学原理》编写组.思想政治教育学原理[M].2版.北京:高等教育出版社,2018:193.
[③] 习近平.习近平谈治国理政:第二卷[M].北京:外文出版社,2017:116.

础,接受教育内容的主动性较高,针对领导干部的文艺育德工作可以更多地侧重于理论育德。

与此同时,需要注意的是,根据文艺育德的教育队伍的分类,教育主体不同,其所针对的教育对象也不同,如家庭中的文艺育德的教育对象就是家庭成员;社会文艺育德的教育对象则是广泛的社会成员。针对性是实效性的基础和保证,只有德育工作者充分认识和掌握文艺育德过程中受教育者具有的特殊性,尊重个体差异、群体差异,摒弃"一刀切"的教育模式,才能使文艺育德的功能发挥到最优,提升思想政治教育的实效性。

(四)劝服的结果:教育对象实现知情意行统一

文艺育德过程中的受教育对象均是具有一定认知体系的现实个人或群体,这些受教育对象在接受思想政治教育之前已有知情意相统一的原有认知,但由于形成的方式和途径不同,这些认知往往存在合理与不合理、正确与不正确的分歧。文艺育德作为思想政治教育的重要研究领域,其主要目的在于借助文艺、文化载体对教育对象的道德素质施加影响,即从思想政治教育的内容维度而言,文艺育德中主要是关于思想政治教育的道德因素的教育,而关于政治思想、法律意识、生态意识等的教育较少。因此,文艺育德主要是纠正受教育对象的道德图式中的偏差和错误,使其建构出符合当前社会主流价值观念的道德样态。

艺术的本质在于通过形象把自己的情感体验传达给别人,并且艺术不但表现情感,还表现思想。艺术中表现的思想一般都是向善向美的思想,是有益于人类变得更善良、更崇高、更进步的思想。正如在文学创作中,文学不仅要描写人,还要美化人、改造人。基于此,文艺育德要通过文艺作品使受教育者产生情感共鸣,从而坚定意志、提升行动能力。一部文艺作品经过受教育者的再创造,会使受教育者产生"于我心有戚戚焉"的感受而达到情感的共鸣。这是基于文艺作品本身所具有的艺术感染力和思想情感,抑或作品表现的内容与情感和受教育者的经历、情感类似所达到的效果。受教育者在形成情感共鸣后,往往会具有相应的感性认知,由此进入意志阶段,去解决"怎么办"或"实施什么行为"的问题,并借此形成行为发生的先导。

接受者在完成知情意统一的心理活动后,其内化于心的感性与理性的图式必然表现在最终的行动上。在文艺育德的受教育者经过知情意三个环节的和谐发展之后,其基本矛盾朝着思想政治教育目标的方向转化。由此可见优秀文艺作品的重要性,在文艺育德的受教育者阅读优秀文艺作品之后,其思想水平、人生境界得以提升,反之亦然。为此,德育工作者要遵循习近平关于文艺育德的重要论述中对文艺作品的创作要求,写出蕴含中国精神的文艺精品,以劝服性传播的基本规律、方式方法,在整合思想政治教育对象的知情意的过程中最终实现思想政治教育目标所需要的行,使教育对象的知情意行高度统一,实现思想政治教育的目的,实现教育对象的全面发展。

三、文艺育德的过程特征

(一)教育目标的明确性与教育对象的普遍性

文艺育德作为思想政治教育的重要组成部分,其根本目标必然是立德树人。这一根本目标,是中国特色社会主义教育事业的行动指南,是中国高等教育社会主义本色的鲜明体现,是培养德智体美劳全面发展的社会主义建设者和接班人的本质要求,成为新时代思想政治教育的学科使命。

立德树人,立德为先,树人为要。立德,即树立德业;树人,即培养人才。"德"不能自然萌生而需要"立","人"不能自发成才而需要"树","立德"以"树人"为旨归,"树人"以"立德"为条件,二者辩证统一、互为条件、互相统摄。习近平总书记在全国高校思想政治工作会议上指出:"要坚持把立德树人作为中心环节,把思想政治工作贯穿教育教学全过程,实现全程育人、全方位育人,努力开创我国高等教育事业发展新局面。"[1]党的十九大报告强调,"要全面贯彻党的教育方针,落实立德树人根本任务,发展素质教育,推进教育公平,培养德智体美全面发展的社会主义建设者和接班人"[2]。

立德树人即是立受教育对象之德,并使其成为时代所需之人。文艺育德的对象为社会全体成员,但为了更有效地开展教育工作,把握住重点教育对象是必要的。从一般意义上或较稳定的状况来分析,这里将文艺育德的重点教育对象按照教育主体的类别进行对应式的划分。

一是,在家庭文艺育德中,家庭成员,尤其是学龄儿童与青年人是文

---

[1] 习近平.习近平谈治国理政:第二卷[M].北京:外文出版社,2017:376.
[2] 习近平.决胜全面建成小康社会 夺取新时代中国特色社会主义伟大胜利——在中国共产党第十九次全国代表大会上的报告[M].北京:人民出版社,2017:45.

艺育德的重点教育对象。我们要通过家书、家族的文化象征等进行家风教化,如在《花木兰》电影中,花家认为凤凰是花家的守护神,能够庇佑后辈。《山海经》记载:"有鸟焉,其状如鸡,五采而文,名曰凤皇,首文曰德,翼文曰义,背文曰礼,膺文曰仁,腹文曰信。是鸟也,饮食自然,自歌自舞,见则天下安宁。"如此,凤凰的形象呼之欲出,同时我们亦看到其身上的各种象征意义,人们赋予这种如同"龙"一样被抽象出来的代表对美好生活的向往的"图腾"以德、义、礼、仁、信的品质。凤凰是天下安宁之象征,更是荫蔽后辈的吉祥神物。在《花木兰》电影中,凤凰的美德被具象为花家的"忠""勇""真",花木兰深受其影响。

二是,在学校文艺育德中,在这一意义上的文艺育德是高校思想政治工作的重要组成部分,因此其教育的重点对象主要有三种。其一,共产党员。作为执政党,中国共产党对国家生活的思想政治领导的重要途径之一就是发挥共产党员的先锋模范作用,党员的先锋模范作用是一种无声的教育,对全国人民起着潜移默化的作用。而党员的先锋模范作用不可能自发产生,要靠党组织的经常的教育和严格的管理来逐渐积累。其二,各级领导干部。领导干部作为党和国家路线、方针、政策的决策者、执行者,是国家社会生活,包括文艺育德活动的领导者和组织者,其位置重要、责任重大,所以学校文艺育德要紧抓"关键少数"的思想道德素质提升,营造良好的党内生态环境,带动整个社会风气的好转,为全社会的文艺育德创造良好的教育环境。其三,青年。恩格斯在《伊默曼的〈回忆录〉》中指出,"我们的未来比任何时期都更多地取决于正在成长的一代,……现代的命运不取决于畏惧斗争的瞻前顾后,不取决于老年人习以为常的平庸迟钝,而是取决于青年人崇高奔放的激情"[①]。青年是社会中最富活力、最充满希望的群体,是国家的未来、民族的希望。"青春理想,青春活力,青春奋斗,是中国精神和中国力量的生命力所在。"[②]最富活力、最具激情的青年一代还是推动无产阶级革命的决定性力量。马克思曾说:"工人阶级中比较先进的那部分人则完全懂得,他们阶级的未来,因而也是人类的未来,完全取决于新一代工人的成长。"[③]可以看出,马克思、恩格斯还将工人

---

①中共中央马克思恩格斯列宁斯大林著作编译局.马克思恩格斯全集:第四十一卷[M].北京:人民出版社,1982:175-176.
②习近平.在北京大学师生座谈会上的讲话[M].北京:人民出版社,2018:2.
③中共中央马克思恩格斯列宁斯大林著作编译局.马克思恩格斯全集:第二十一卷[M].2版.北京:人民出版社,2003:270.

阶级后代的成长及人的全面发展放置于同阶级的未来,乃至人类的未来相一致的重要地位。伟大革命导师列宁在领导俄国社会主义革命和建设的过程中高度重视青年及青年工作,认为青年是革故鼎新、推动社会变革的重要力量。"在我们革命政党中青年占优势,这难道不自然吗?我们是未来的党,而未来是属于青年的。我们是革新者的党,而总是青年更乐于跟着革新者走。我们是跟腐朽的旧事物进行忘我斗争的党,而总是青年首先投身到忘我斗争中去。"[1]因此,青年自始至终都是文艺育德最为关键的教育对象。青年肩负社会主义现代化强国建设的历史使命,代表着国家和民族的希望,更为重要的是青年所具有的可塑性可以使得其使命与担当从理想变为现实,因此青年是文艺育德教育对象中最为重要的教育对象。

三是,在社会文艺育德中,教育对象的构成十分复杂,包括一切能够接受育德活动的客体。而社会文艺育德实际上可以分为现实世界中的文艺育德和网络世界中的文艺育德。前者是传统的思想政治教育借助各类文艺载体增强其学科实效性的重要体现。尤其是构成文艺育德的重要组成部分的佛家经典的道德化育,是传统的思想政治教育未曾注意到的领域,这对于解决党外的尤其是具有宗教信仰的部分群体的道德教育问题具有重要意义。后者在虚拟空间开展的文艺育德活动,是网络思想政治教育活动的特殊组成部分,是化育时代新人的重要途径。前文论述已提及网络文学作品对读者,尤其是对青年群体的影响。

(二)教育方法的艺术性与教育主体的独特性

文艺育德的教育方法即文艺育德教育主体为实现立德树人根本目标,在以文化人、以文育人的过程中针对教育对象所采用的方式、方法的总和。而实际上,由于文艺育德实践活动凭借的是教育载体的特性,即文学作品的特性,文艺育德实践活动中的方法时常转化为在整体的以文化人、以文育人过程中的教育与自我教育的方法,即前文阐述过的五类方法。

---

[1]列宁.列宁全集:第十四卷[M].马克思恩格斯列宁斯大林著作编译局,编译.2版.北京:人民出版社,2017:161.

如此一来，文艺育德中的教育主体存在一种特殊现象，即除前文论述的文艺育德队伍论中的主体外，实际上在文艺育德实践活动中，存在教育主体从真实的活生生的现实个人转化为文艺作品中在文艺创作者构思下的理想化的人的现象。但是这一理想化的人并不是抽象的存在物，而是基于特定历史时期内文艺工作者的创作而产生的形象。在这一意义上，文艺育德的教育主体是由实体主体和抽象主体共同构成的，前者主要是在传统的思想政治教育的主体要素基础上提升思想政治教育的艺术水平的教育者，后者则是文艺作品中存在的能够对教育对象起到直接的"身教"的作用的典型形象等。但需要注意的是，在这种往往跨越历史时空的"身教"中，最为重要的不是这一形象在当时的特定历史时期里做了什么，而是其将要做什么以及怎样做的问题，我们要从历史的因素中去发现对当下与未来具有指导意义的关涉道德哲学维度的真理性知识，以此发挥历史的当代价值。例如，荷马史诗，广泛地反映出当时希腊社会在原始公社制向奴隶制过渡的时期的经济、政治、军事等方面的情况，以及希腊人民的生活和斗争。荷马史诗刻画了阶级分化的情况——实行军事民主制，部落首领的权力越来越大，出现了对奴隶的占有和买卖。在社会风俗和文化生活方面，荷马史诗对于英雄人物的描写所渲染出的理想的英雄主义，表现了人文主义的思想，肯定了人的尊严、价值和力量，故事中英雄人物的事迹生动地展现在读者面前，使其受到感染。

（三）教育内容的潜隐性与教育载体的丰富性

围绕立德树人目标开展的文艺育德实践活动的教育内容，必然也是围绕"德"展开的。每个时代，"德"的内容均由"变"与"不变"两大部分构成。在新时代，文艺育德需要受教育对象所形成的德，其核心在于社会主义核心价值体系与社会主义核心价值观。文艺育德明确体现出人的发展的目标指向性和价值取向性，即鲜明的方向性。我国教育的培养目标是培养社会主义伟大事业的接班人，因此，必须坚持马克思主义理论在文艺育德教育内容中的主导地位，选取坚持以马克思主义为指导思想、把握中国特色社会主义共同理想、培育以爱国主义为核心的民族精神和以改革创新为核心的时代精神的社会主义核心价值体系作为文艺的理论与价值背景。与此同时,遵循教育规律和社会发展要求,文艺育德要做到由浅入深、由外到内、主次清晰、重点突出、整体协调,通过多方面的分工和配合,使受教育对象由点到面、由面到体,全面深刻地把握社会主义核心价值体系,塑造科学的世界观、人生观和价值观。恩格斯说:"每一个时代的理论思维,从而我们时代的理论思维,都是一种历史的产物,它在不同的时代具有完全不同的形式,同时具有完全不同的内容。"[1]社会主义核心价值体系在新时期、新形势下,需要注入生动鲜活的内容,与时俱进,生生不息,苟日新,日日新,又日新。因此,文艺育德需要鼓励、创新以及与时代发展相适应的优秀文艺作品。

以上是对文艺育德内容的规定,文艺育德的内容的潜隐性体现在文艺育德的载体上。以优秀文学作品,即语言艺术载体为例,"文学是以语言文字为工具,形象化地反映客观现实的艺术。正是因为文学以语言文字为媒介,从而使得文学作为思想政治教育的载体具有自身独特的局限性与优越性:其他的艺术门类都是通过塑造艺术形象来直接作用于人们的感官,唯有文学这门语言艺术所描绘的形象例外"[2]。所以,受教育的对象往往通过文学作品中的人物形象以及经典叙事,通过艺术观照的方式来提高自身认识社会、认识自我、认识人性、认识生活的能力,以此调节自身的心理和精神状态,使其尽量趋向健康,保持中庸平和的状态。在此基础上文学作品可以为个体提供精神激励,鼓舞个体战胜困难的勇气,激发个体不断进步的信心,使得个体能最大限度地调动自己的积极性。"文学艺术可以为群体提供精神激励,特别是在动员、鼓舞群众团结起来为正义目标而斗争方面具有十分重要的作用。"[3]文艺育德最终要使受教育对象凝聚意志,使社会公众产生趋同心理,实现政党或团体的社会动员与社会整合。

(四)教育环境的多元性与教育管理的规定性

先秦儒家对环境与教育的关系进行了明确的阐述,孔子最先提出"性相近也,习相远也"(《论语·阳货》),将道德品质的形成同社会环境联系了

---

[1] 中共中央马克思恩格斯列宁斯大林著作编译局.马克思恩格斯选集:第四卷[M].2版.北京:人民出版社,1995:284.
[2] 姚迎春.思想政治教育的文艺载体研究[M].北京:中国社会科学出版社,2013:34.
[3] 姚迎春.思想政治教育的文艺载体研究[M].北京:中国社会科学出版社,2013:122.

起来;孟子继承和发展了孔子的教育环境论,提倡"乡田同井,出入相友,守望相助,疾病相扶持"(《孟子·滕文公上》),主张建立睦邻友好的环境,发扬德行,相互帮助;荀子提出"蓬生麻中,不扶而直;白沙在涅,与之俱黑"(《荀子·劝学》)。几乎在同一时期的古希腊社会中,柏拉图提出了天赋的美德需要环境的影响和教育的作用把它引导出来的观点,强调人与环境的相互作用,强调人要与好的环境接触。而后,法国启蒙思想家卢梭在《爱弥儿》中提出教育要为儿童提供优良的环境,使儿童的潜能能够充分地释放出来。质言之,古今中外贤哲们的环境教育思想影响着今天的教育理念,为构建文艺育德的环境理论提供了理论借鉴。但这些思想也存在着一些偏颇之处,较为突出的问题是忽视了人的主观能动性,忽视了人的社会实践作用。而马克思主义环境观克服了这种局限,对人与环境的关系作了全面的说明。马克思主义环境观认为,环境创造人,人创造环境,二者相互创造,并统一于社会实践。

要考量文艺育德的实施环境,就要先掌握思想政治教育的环境理论。陈万柏、张耀灿在《思想政治教育学原理》中以"环体"的形式把教育环境列为思想政治教育过程的四个要素之一,从而使其逐步从一个孤立的概念确立为思想政治教育过程的基本要素。[1]2002年,沈国权在《思想政治教育环境论》中指出,"所谓思想政治教育环境,从广义上说,指的是影响思想政治教育活动开展的各种外在条件和因素的总和,主要包括思想政治教育活动实施所处的社会大环境和教育对象所处的内部小环境"[2]。因此,在实际上,文艺育德的实践环境主要为思想政治教育的文化环境。

环境的营造与创设需要特定的管理因素。文艺育德中的管理一方面体现为党对文艺育德实践活动的直接管理,另一方面体现为对文艺育德的载体的管理。党对文艺育德实践活动的管理,集中体现在党对文艺工作队伍、文艺育德教育者以及文艺育德教育对象的思想道德素质的管理上。主要包括:一,组织队伍,即形成文艺育德的专职队伍以及兼职队伍,并使之协调一致。与此同时,促使家庭(如以家风培育学生的思想道德素质)以及学校(作为文艺育德的主阵地,需要加强校园文化建设)与社会

---

[1]陈万柏,张耀灿.思想政治教育学原理[M].3版.北京:高等教育出版社,2015:137.
[2]沈国权.思想政治教育环境论[M].上海:复旦大学出版社,2002:1.

(需要营造良好的社会文化环境)的同向同行,形成合力。二,统一思想,统一人们对文艺育德的认识,使文艺育德活动有规律可循,如,在前文已经阐述过的文艺育德的四大规律。按科学规律办事,以减少工作的盲目性,提高工作效率;建立制度,包括国家颁布的法令、党的法规和学校制定的规章制度;提高质量,制定具体目标,设计管理程序,进行科学考核和质量控制。

第九章
文艺育德的时代意蕴

鲁迅先生在《论睁了眼看》中写道:"文艺是国民精神所发的火光,同时也是引导国民精神的前途的灯火。"国民精神是民族精神的现实写照,尤其是在近现代以来,中华民族的发展并非一帆风顺,能够历经艰难险阻而不倒,正是因为世世代代的中华儿女培育传承的民族精神。1942年,毛泽东发表了《在延安文艺座谈会上的讲话》,在几十年后,中国特色社会主义发展进入新的历史方位,习近平先后发表的具有深远影响力的《在文艺工作座谈会上的讲话》《在中国文联十大、中国作协九大开幕式上的讲话》,这些都表现出中国共产党人一以贯之的以文载道、以文化人、以文育人的历史逻辑。

文学艺术总是直接或间接地表现着社会结构的形状,文学艺术中的各类形态在其发展中总是致力于脱离它在社会阶级中的根源,以它自己的戒律和它自己的价值标准,穿过阶级的分界线。政治、文学、艺术等"都互相影响并对经济基础发生影响。并不是只有经济状况才是原因,才是积极的,而其余一切都不过是消极的结果。这是在归根到底不断为自己开辟道路的经济必然性的基础上的互相作用"[1]。这表明,伟大的艺术可以具有这样的眼光和气魄,以至于影响到该时期的生活,甚至它的经济基础。中国特色社会主义发展的实践进一步表明,走中国道路、弘扬中国精神、凝结中国力量离不开社会主义文艺。新时代思想政治教育学完成其学科使命并提升其实效性离不开文艺,个人坚定理想信念并投身于实现"两个一百年"奋斗目标、实现中华民族伟大复兴中国梦,更离不开文艺。文艺育德,要培育个人之德、弘扬民族之德、构筑国家之德,为实现中华民族伟大复兴的中国梦筑基铺路。

---

[1]中共中央马克思恩格斯列宁斯大林著作编译局.马克思恩格斯全集:第三十九卷[M].北京:人民出版社,1974:199.

一、进一步论证交叉学科研究的时代必然性

历史上的很多哲人将人类的知识分为两大类,即一类是关于世界上具体事物的知识,另一类是关于宇宙人生根本问题的探讨。后者就是纯理论的思考的产物。这是因为"人类最高的幸福就在于'纯理论'……出于最深刻的理由,可以说,人是一种'理论的生物'"[①]。人不仅是社会的、政治的、会制造工具的动物,而且是有灵魂的动物,是有精神生活和精神需要的动物。习近平关于文艺育德的重要论述即是纯理论思考的产物,其论述了文艺何以育德、文艺育什么德以及文艺怎样育德,成为实现中华民族伟大复兴中国梦的坚强柱石。

(一)正确处理社会主义文艺和政治的关系

当代西方马克思主义文学理论家特里·伊格尔顿认为,"现代文学理论的历史是我们这个时代政治和思想意识历史的一个部分"[②]。张炯亦认为文艺和政治密切相关,一是文艺家总有一定的政治立场、观点和情感,他必然要曲折地表现到自己的作品中来;二是政治家和政党总要通过各种办法罗致和动员文艺家为政治服务;三是所有政府在制定文艺政策和法令时,首先要考虑政治的利益。[③]这就表明,文艺理论总是体现着具体时代里统治阶级的意志,印刻着政治的痕迹的,而文艺创作本身也与政治有着不容否认的联系。

新中国几十年的经验已经证明,文艺与政治之间的关系处理的好坏直接决定着文艺育德工作的开展情况,甚至直接影响着文艺事业的发展

[①]伽达默尔.赞美理论——伽达默尔选集[M].夏镇平,译.上海:生活·读书·新知三联书店,1988:26.
[②]特里·伊格尔顿.当代西方文学理论[M].王逢振,译.北京:中国社会科学出版社,1988:281.
[③]张炯.论马克思主义与文学[M].北京:中国社会科学出版社,2013:27.

情况。如,在"文化大革命"期间,"四人帮"对社会主义文化和文艺的疯狂破坏,使得文艺发展一度受挫,演变为政治的传声筒,文艺学领域变得万马齐喑。而自从"粉碎'四人帮'以来,现实主义文学劫后复苏,伤痕文学、反思文学大量出现,涌现了许多优秀的小说、诗歌、戏剧、电影、曲艺、报告文学以及音乐、舞蹈、摄影等作品。这些作品对于打破林彪、'四人帮'设置的精神枷锁,肃清他们的流毒和影响,对于解放思想,振奋精神,鼓舞人民同心同德向四个现代化进军,起了积极的作用"[①]。

这就表明,文艺作为复杂的精神劳动,需要发挥文艺工作者个人的独特精神,同时又必须遵循文艺自身的特殊发展规律,更需要有正确的方向。新时代,习近平关于文艺育德的重要论述彰显出的社会主义文艺本质没有变,文艺发展的"二为"方向、"双百"方针亦没有变,而更加强调文艺与政治之间的密切关系,将中国精神纳入文艺中,使社会主义文艺发挥育德功能,成为隐性思想政治教育的重要途径和手段。正如有的学者所说,"文艺传播往往是政治传播的现实手段,政治传播是文艺传播的内在本质"[②]。质言之,社会主义文艺与政治的关系处理的情况决定了文艺育德的发展情况、文艺事业的发展情况,甚至影响到政治的健康发展情况。

(二)助力构建中国特色社会主义文艺理论

马克思主义的文艺理论以辩证唯物主义和历史唯物主义的世界观和方法论为基础,认为文学艺术作为一种精神现象,是一定的社会存在的反映,是"漂浮空中的"社会意识形态,同时承认和重视文学艺术的审美特点,认为文艺应该属于人民,为广大人民服务。荷兰学者佛克马和易布思把当代世界的文艺理论梳理为科学主义和人文主义,而马克思主义文学理论介乎两派之间。有学者认为马克思主义理论在我国的传播可以分为三个时期,即1920—1949年、1949—1978年、1978—2009年,实际上,第三个阶段即中国特色社会主义文艺理论体系的构建时期。具体而言,这一时间段可以界定为1982年—至今。从"有中国特色的社会主义"到"中国特色社会主义",这一词汇界定的变化同样在我国的文艺理论的构建上有

---

① 周忠厚,边平恕,连铁,等.马克思主义文艺学思想发展史(下)[M].北京:中国人民大学出版社,2007:925.
② 王锦刚.文艺大众化与马克思主义大众化的中国经验[J].现代传播,2011(11):28.

所体现。建构中国特色社会主义文艺理论,这个"特"是在马克思主义文艺理论基础上立足中国实际得来的。习近平在中国文联十大、中国作协九大开幕式上的讲话中指出"文化是一个国家、一个民族的灵魂"①。所以我们要厘清文艺及文艺作品与人、社会和国家的关系,大力发展社会主义文化事业,将文艺作品作为载体纳入思想政治教育实践活动中,推进人的思想政治素质的提升,使人成为社会发展需要的人,逐步实现人自身的自由全面的发展。

(三)强化中国特色社会主义文化自信

"当今世界,要说哪个政党、哪个国家、哪个民族能够自信的话,那中国共产党、中华人民共和国、中华民族是最有理由自信的。"②我们的自信"来源于实践、来源于人民、来源于真理"。从实践看,改革开放几十年,我国已从贫穷落后的国家,快速跃升为全球第二大经济体,成为最大的发展中国家,对全球减贫的贡献率超70%,这一壮举被国际社会誉为"人类历史上前所未有的伟大成就",中国人民的生活水平实现了质的飞跃;从人民看,改革开放以来,我们党坚持高举中国特色社会主义旗帜,既不走封闭僵化的老路,也不走改旗易帜的邪路,坚定中国特色社会主义道路自信、理论自信、制度自信、文化自信,顺应了人民群众的意愿和要求,得到了人民的拥护和支持;从真理看,中国特色社会主义道路是在改革开放的伟大实践中走出来的,是在中华人民共和国成立后的持续探索中走出来的,是在对近代以来中华民族发展历程的深刻总结中走出来的,是在对中华民族悠久文明的传承中走出来的,这些都已被实践所证明。

巍巍中华五千载积蕴通达,滔滔江河亿万年弦歌不辍。"在5000多年文明发展中孕育的中华优秀传统文化,在党和人民伟大斗争中孕育的革命文化和社会主义先进文化,积淀着中华民族最深层的精神追求,代表着中华民族独特的精神标识。"③文化自信是以深入认识本民族文化为基础,接受并认同本国优秀文化、先进文化,坚信本民族文化繁荣兴盛的信念。

---
①习近平.在中国文联十大、中国作协九大开幕式上的讲话[M].北京:人民出版社,2016:6.
②习近平.习近平谈治国理政:第二卷[M].北京:外文出版社,2017:36.
③习近平.习近平谈治国理政:第二卷[M].北京:外文出版社,2017:36.

文化自信是中国特色社会主义"四个自信"中最根本的自信,对国家全面发展具有战略意义。社会发展需要文化自信,增强文化自信需要文艺育德。中华文化在继承中不断创新发展,为新文艺育德提供丰沛的养料,使文艺育德富有强大的生命力。我们要以中华文化发展进程中蕴含的丰富文学作品为育德的重要载体,以文化人、以文育人,提升思想政治教育的有效性,让人们切实感受到我国文化的博大精深,从而增强人们的文化自觉意识。

文艺育德何以增强文化自信,其中关键点即在于运用蕴含时代精神的优秀文学作品,而"社会主义核心价值观是当代中国精神的集中体现,凝结着全体人民共同的价值追求"[1]。我们要发挥社会主义核心价值观对国民教育、精神文明创建、精神文化产品生产与传播的引领作用,把社会主义核心价值观融入社会发展各方面,转化为人们的情感认同和行为习惯。

首先,要以培养担当民族复兴大任的时代新人为着眼点,强化教育引导、实践养成和制度保障。党的十九大首次提出要"培养担当民族复兴大任的时代新人"这一重要论断,深刻回答了新时代"培养什么人"的根本问题,以"强化教育引导、实践养成、制度保障"清晰地回答了新时代"如何培养人"的根本问题。其次,要把社会主义核心价值观融入社会发展各方面,转化为人们的情感认同和行为习惯,在这一过程中文艺育德发挥着重要作用。培育和践行社会主义核心价值观要经历一个由认知、认同到内化规范、自觉行为的过程。衡量培育和践行社会主义核心价值观的实效性的关键,在于其能否成为整个社会普遍接受、认同的价值准则并转化为社会大众广泛参与的价值实践。为此,必须着眼于认知、情感、行为的认同过程,实现由形式认同向实质认同的转化、由理论认同向心理认同的转化、由评价认同向实践认同的转化,切实增强培育和践行社会主义核心价值观的实效性。最后,要深入挖掘中华优秀传统文化蕴含的价值因子和道德观念,结合时代要求继承创新,让中华文化展现出永久魅力和时代风采。牢固的核心价值观都有其根本。抛弃传统、丢掉根本,就等于割断了

---

[1] 习近平.决胜全面建成小康社会 夺取新时代中国特色社会主义伟大胜利——在中国共产党第十九次全国代表大会上的报告[M].北京:人民出版社,2017:42.

自己的精神命脉。中华优秀传统文化博大精深、源远流长,积淀着中华民族的精神追求,是中华民族独特的精神标识和丰厚的文化土壤。

(四)引领我国宣传思想工作的发展新方向

宣传思想战线不仅要做歌颂者、观察家,也要善于化笔为剑、激浊扬清。近年来,意识形态领域的斗争此起彼伏,宣传思想工作需要坚持发扬斗争精神、增强斗争本领,对各种错误思想必须敢于亮剑,帮助人们明辨是非,牢牢掌握意识形态工作主动权。当下,宣传思想战线正本清源的任务取得重大成效,进入了守正创新的重要阶段。守正,即要守党管宣传党管意识形态之正、守马克思主义在意识形态领域指导地位之正、守中华文化立场之正,始终坚持正确的政治方向、舆论导向和价值取向。创新,则要以更加开放的视野、创新的理念、灵活的方法,在多元中立主导、在多样中谋共识、在多变中把方向,建设具有强大凝聚力和引领力的社会主义意识形态,让党的宣传思想工作保持旺盛的生机和活力。

文艺育德接续发展是宣传思想工作自身发展规律在中国特色社会主义进入新时代后的体现,是内容与形式、诗意与哲理、感性与理性、共性与个性的辩证统一。在新媒体时代,世界不同国家和民族借助互联网传播和分享各自独特的优秀文学作品,构建起立体多样、融合发展、联通世界的宣传思想体系。因此,在这种大背景下,网络文学作品的存在与发展便显得尤为重要,其可以在世界媒体格局中实现"弯道超车",提升中国媒体在全球的影响力,让满载中华民族精神的优秀文学作品更广泛地传播到世界各地,进入千家万户,展示文明、开放、和平的真实中国形象。

二、助力提升思想政治教育的实效性

在新时代,思想政治教育在奋力夺取中国特色社会主义事业伟大胜利的征程中任重道远,肩负着培育和践行社会主义核心价值观、加强思想道德建设和落实立德树人根本任务的学科使命。我们要以文艺育德为重要动力,不断提升思想政治教育的实效性。

(一)强化思想政治教育工作者的艺术感染力

思想政治教育工作者是思想政治教育活动中的主体,在思想政治教育活动中占据重要的主体地位,是指"依据一定阶级、政党的要求对教育对象进行思想政治教育,以提高教育对象思想政治素质的个体或群体"[1]。思想政治教育工作者在思想政治教育活动中具有主导性的特征,即在思想政治教育中具有引领作用。这也就必然使思想政治教育工作者具有示范性的特征,因为要引领必然要先做好示范。师者,范也。学高为师,身正为范。教师"吐辞为经,举足为法",作为引领者的思想政治教育工作者,其言行对教育对象具有示范作用。苏联政治家和教育家加里宁明确指出,"教师的世界观、他的品行、他的生活、他对每一现象的态度都这样或那样地影响着全体学生"[2]。身教胜于言教,树人先树己,这在思想政治教育中体现得尤为明显。

人才培养,关键之一在于教师,教师队伍素质直接决定了学校办学能力和水平。思想政治教育学科建设的好坏,关键在于思想政治教育工作者的教育水平高低。习近平关于文艺育德的重要论述旨在使思想政教

---

[1]《思想政治教育学原理》编写组.思想政治教育学原理[M].2版.北京:高等教育出版社,2018:183.
[2] 米·伊·加里宁.论共产主义教育和教学:1924—1945年论文和讲演集[M].陈昌浩,沈颖,译.2版.北京:人民教育出版社,1981:157.

育工作者获得艺术感染力,即在思想政治教育活动中,思想政治教育工作者能够保持平等的姿态、饱含真诚的情感、使用雅俗共赏的语言,能够引导教育对象深入思考,把冰冷、空洞的说教变成一件让教育对象有所思、有所想、有所乐的事情。思想政治教育工作者要增强自身的艺术感染力,一定要有理论功底的积累和方法上的艺术讲究。马克思曾说,"我们现在假定人就是人,而人同世界的关系是一种人的关系,那么你就只能用爱来交换爱,只能用信任来交换信任,等等。如果你想得到艺术的享受,那你就必须是一个有艺术修养的人。如果你想感化别人,那你就必须是一个实际上能鼓舞和推动别人前进的人"[1]。文艺育德的思维艺术特质决定了思想政治教育工作者必须具有艺术感染力,这种艺术感染力在思想政治教育中越来越显得必要。要使思想政治教育的内容深入人心,必须讲究工作的艺术性。文艺育德讲究尊重文艺自身的发展规律,无论在语言、表达等方面,还是在说理的技巧性方面,在不同的时间、不同的地点表达出来的效果可能不同,这是习近平关于文艺育德的重要论述和实践提供的重要经验。

(二)助力思想政治教育对象自我教育

"人性"问题是先秦诸子百家探讨的中心问题之一,告子提出"生之谓性""食、色,性也",认为生而具有的叫做性,性的内容就是食色;孟子提出"人之所以异于禽兽者几希",而存在差异的原因在于人有仁义礼智等伦理道德观念;荀子提出"化性起伪",认为通过努力可以转化所谓恶的本性,从而获得所谓善的品质等。这些基于道德起源和道德修养的对人性本质的探讨,虽未能揭示人的本质,但充分阐释了个体与伦理道德之间的密切关系是人之为人的根本。马克思主义认为人的本质是一切社会关系的总和,人的本质在于社会关系而非自然关系,人只有在这些社会关系不断充盈与发展的过程中才能获得人的本质属性,才能成为真正的人。也就是说,人需要不断进行社会化,而人的社会化的重要途径即是被动地接受教育和进行主动的自我教育,由此再去投身于改造世界的实践活动获得自己的本质。

---

[1] 中共中央马克思恩格斯列宁斯大林著作编译局.马克思恩格斯全集:第四十二卷[M].北京:人民出版社,1979:155.

从革命战争年代培养民族解放斗争的先锋到社会主义建设时期培养又红又专的社会主义建设者,从改革开放时期培养有理想、有道德、有文化、有纪律的"四有"新人到中国特色社会主义新时代培养担当民族复兴大任的时代新人,中国共产党历来重视培养什么样人的问题,始终把培养一代新人作为重要的政治任务,而中国革命、建设、改革的伟大事业,也正是在这一代代新人的接续奋斗下从理想变为现实。党的十九大鲜明地提出培养担当民族复兴大任的时代新人这一命题,既是基于实现"两个一百年"奋斗目标和中华民族伟大复兴中国梦的战略考量,又是基于社会主义核心价值观引领青年成长成才、提升我国国际竞争力的现实所需,具有厚重的时代意义。

在这一过程中,自我教育具有十分重要的意义。个体产生行为的一切动力,都需通过头脑的思索转变为具体意志而后产生行动。其中,个体本身通过自我教育,即通过不断的自我调节、自我激励、自我管理和自我修养,逐步达到自我完善才能逐渐实现自由全面的发展。习近平关于文艺育德的重要论述给予思想政治教育的启示就是学生个体要充分利用一定的文化载体,遵循我国优秀传统文化中的"修身养性"思想,体悟文化对一个人的涵养作用,不断"三省吾身"且"见贤思齐焉,见不贤而内自省也",在自我克制、自我约束和自我反省中成长成才。

(三)深化思想政治教育方法论艺术

思想政治教育不仅是一项科学事业,更是一门艺术,是塑造人的灵魂的实践活动。这与社会生产力水平的日益提升密切相关,物质的极大充裕使得人们更加注重对审美的追求和对自身精神需要的满足,关注人自身的全面发展。因此,思想政治教育的发展逐渐走向以人为中心,真正发现人、关心人。但由于理念陈旧、方法单一、载体传统等缺乏创新性的问题,思想政治教育的实效性的提升始终是理论界和学界研究的热点话题,在现实中这个问题则表现为人的思想道德素质与社会需要的人的思想道德素质之间始终存在鸿沟,这个鸿沟甚至有扩大的趋势。这就要求我们关注思想政治教育的理念、载体,尤其要关注思想政治教育的方法。对于思想政治教育方法的灵活应用产生的思想政治教育的艺术,正如有学者所说,"教育者为了有效地达到思想政治教育的目的而创造性运用的具有感染力的教育技能和技巧的总和。它是思想政治教育者的学识、才能、智慧、品格、经验、胆识和灵感的综合体现"[①]。思想政治教育的艺术即是对思想政治教育方法的巧妙运用。而思想政治教育涉及各个方面,比如用生动的语言说服人的问题,在这种意义上,习近平关于文艺育德的重要论述中强调的德育工作者需要具备的基本素质中,就有运用文学作品来提升自身文学素养,提高语言教学能力的基本要求。同时,习近平关于文艺育德的重要论述围绕人的问题,谈及文艺发展与政治、国家行为的关系,指出社会主义文艺及文艺作品在满足人民精神文化需要的同时,也会鼓励人民参与实践创新。因此文艺育德具有理论育德不可取代的作用,应与理论育德共同发挥思想政治教育的经济、政治和文化功能。

(四)丰富思想政治教育的文化载体

"将思想政治教育内容融入各种文化艺术形式和文化建设之中,以期提高人们的思想认识和思想政治素质"[②],这是文艺育德的本质要求。文化的核心功能是以文化人,文之所以化人在于文以载道,当下之文所载之道即是社会主义核心价值观、爱国主义、中国梦等中国精神。利用现有优秀文化资源是被动适应思想政治教育内容的需要,而积极创造优秀文化资源才能充分发挥思想政治教育的主动性,提高文化载体与思想政治教育内容的契合度。文艺育德就是借助蕴含中国精神的优秀文艺作品鼓舞、鼓励人们树立正确的价值观念,积极向上融入中国梦的筑梦工程。这就要求在新时代可以大有作为的广大文艺工作者要坚持以人民为中心的创作导向,为社会主义、为人民书写时代篇章,这些时代篇章往往包括价值观念、思想观点、道德规范,也包括文化知识、科学素养等,具有极强的吸引力和感染力以及较强的渗透性,也具有十分鲜明的价值导向。同时,这些书写中国精神、中国力量、中国故事的文艺作品在新时代又极大地丰富了思想政治教育的文化载体。质言之,坚持"二为"方向的反映时代精神的文艺作品,是当下我国文化产品的重要组成部分,无论是传统文艺作

[①]陈万柏,张耀灿.思想政治教育学原理[M].3版.北京:高等教育出版社,2015:230.
[②]《思想政治教育学原理》编写组.思想政治教育学原理[M].2版.北京:高等教育出版社,2018:238.

品,还是新型文艺作品,如网络文学,均是思想政治教育的文化载体的重要组成部分,极大地丰富了思想政治教育的文化载体的内涵,扩展了其外延。以文艺与思想政治教育相结合的形式开展的思想政治教育,加强了思想政治教育载体建设,增强了文化载体在思想政治教育中的效用。

中国特色社会主义文化自信,不仅是对传统文化的传承,更是对当今中国特色社会主义先进文化的创新发展。中国共产党是中国优秀传统文化、革命文化的最好传承者和发展者。社会主义制度建立后,党高度重视代表先进文化前进方向的主流意识形态和社会主义核心价值体系的建设,毛泽东同志提出了百花齐放、百家争鸣的"双百"方针;邓小平提出两个文明一起抓,两手都要硬。党的十八大以来,以习近平同志为核心的党中央提出了一系列关于社会主义文艺和文化发展的新思想和新战略,实现了马克思主义文艺事业指导理论的创新发展,并在文化软实力的提升层面革故鼎新,在"三个自信"的基础上增加了"文化自信",实现了中国特色社会主义的发展。与此同时,党中央不断加强包括马克思主义指导思想、中国特色社会主义共同理想、以爱国主义为核心的民族精神和以改革创新为核心的时代精神、社会主义荣辱观的社会主义核心价值体系的建设,践行富强、民主、文明、和谐、自由、平等、公正、法治、爱国、敬业、诚信、友善的社会主义核心价值观。社会上涌现了方永刚、孔繁森、罗阳、袁隆平、张海迪、屠呦呦等建设楷模,展现了"女排精神""抗洪精神""奥运精神"等中国精神,为中国特色社会主义事业的建设注入了强大的力量。中国故事向海内外人民讲述着中国高铁、"天宫二号"、量子计算机、"一带一路"、射电望远镜、"亚投行"等一个个动人的故事,传递着一个个宝贵的精神。

(五)重建思想政治教育文化环境

思想政治教育文化环境是指"环绕并影响思想政治教育的文化因素的总和"[1],而"文化是人类的'第二天性'。每一个人都必须首先进入这个文化,必须学习并吸收文化"[2]。思想政治教育作为一种文化现象,"以特

---

[1]《思想政治教育学原理》编写组.思想政治教育学原理[M].2版.北京:高等教育出版社,2018:283.
[2] M·蓝德曼.哲学人类学[M].彭富春,译.北京:工人出版社,1988:223.

定文化成果的传递、传播、践行等为基本载体,以个体由'自然人'、'生物人'向'社会人'、'政治人'、'文化人'的发展为基本取向,是'文化化人'现象的特殊表现形式"①。但当前社会中存在的腐朽落后的思想以及西方社会的错误思潮属于文化最深层次的东西,而精神层面的东西往往会对人们产生深刻的影响,也会对思想政治教育产生诸多消极影响,如干扰思想政治教育的发展方向、助长错误思想的形成和发展、阻挠正确的价值取向的形成、削弱思想政治教育效果等。因此,我们要重视以文化人、以文育人,构建新时代的思想政治教育的文化环境。

其一,以中华优秀传统文化养化人。例如,"关于道法自然、天人合一的思想,关于天下为公、大同世界的思想,关于自强不息、厚德载物的思想,关于以民为本、安民富民乐民的思想,关于为政以德、政者正也的思想,关于苟日新日日新又日新、革故鼎新、与时俱进的思想,关于脚踏实地、实事求是的思想,关于经世致用、知行合一、躬行实践的思想,关于集思广益、博施众利、群策群力的思想,关于仁者爱人、以德立人的思想,关于以诚待人、讲信修睦的思想,关于清廉从政、勤勉奉公的思想,关于俭约自守、力戒奢华的思想,关于中和、泰和、求同存异、和而不同、和谐相处的思想,关于安不忘危、存不忘亡、治不忘乱、居安思危的思想,等等"②。以最佳内容、最高艺术水准,把优秀传统文化的精神标识提炼出来、展示出来,把优秀传统文化中具有当代价值、世界意义的文化精髓提炼出来、展示出来,在交流交融中彰显中华优秀传统文化的强大魅力,彰显新时代中国人的精气神。习近平总书记强调,"中华文化积淀着中华民族最深沉的精神追求,是中华民族生生不息、发展壮大的丰厚滋养"③。中华优秀传统文化在历史的传承过程中已经渗透到各类优秀的文艺作品中,成为以文化人的重要依据。我们要坚持创新性发展和继承性转化,将优秀传统文化同中国具体国情相结合,润物细无声地提升人民的道德素养。

其二,以社会主义先进文化教化人。坚定文化自信,以革命文化激励人。嘉兴南湖,碧波荡漾。小小一艘红船,开启了中国共产党的跨世纪航

---

①沈壮海.关注思想政治教育的文化性[J].思想理论教育,2008(3):4.
②习近平.在纪念孔子诞辰2565周年国际学术研讨会暨国际儒学联合会第五届会员大会开幕会上的讲话[N].人民日报,2014-09-25(2).
③习近平.习近平谈治国理政[M].北京:外文出版社,2014:155.

程。党的十九大闭幕不久,习近平总书记带领新一届中央政治局常委前往上海、嘉兴瞻仰中共一大会址和南湖红船。从悠悠的江西于都河到肃穆的辽宁雷锋纪念塔,从巍峨大别山的鄂豫皖苏区到苍莽的北京香山,习近平总书记多次来到革命历史纪念场所,缅怀先烈、激励后人。他说:"共和国是红色的,不能淡化这个颜色。"[1]

中国近代贫穷、落后、挨打,使具有天下为公的家国情怀的有识之士扼腕叹息、痛心疾首。多少仁人志士抛头颅、洒热血去探索救亡图存的方法。但是因各阶级的历史局限性,这些救亡图存的伟大探索均以失败告终。历史重任最终落在了在马克思主义理论的传播中诞生的中国共产党人身上,这个为最广大人民谋利益的世界无产阶级政党的重要组成部分,这个无产阶级的代言人组织,接过历史的接力棒,将马克思主义与中国革命的具体实际相结合,用毛泽东思想之光,用李大钊、方志敏、夏明翰、狼牙山五壮士等先烈的血肉之躯,用井冈山精神、长征精神、抗战精神之志,完成了新民主主义革命的任务,建立了新中国,并顺利完成三大改造,确立了社会主义制度,为中国人民带来了光明。在那风雨如晦的革命岁月里,中国共产党以其与生俱来的先进性,演绎了一个个惊天地泣鬼神的故事,书写了一首首壮烈美丽的诗篇。

文化的教化功能体现在,它通过家庭启蒙、社会示范、学校教育、新闻传媒等手段把系统的行为规范体系加诸生活于这一文化之中的个体。所以,我们要通过加强文化环境的软件和硬件建设、开展多样的实践活动等方式,弘扬社会主义先进文化,传承红色基因,帮助人们树立正确的价值观念。

其三,以优秀的外来文化感化人。中华文化一直都秉持海纳百川的开放姿态,吸收各种外来优秀文化成果。"文明因交流而多彩,文明因互鉴而丰富"[2],通过交流互鉴,我们可以进一步丰富思想政治教育文化环境的内涵,助力于思想政治教育实效性的提升,实现新时代思想政治教育学科的学科使命。但是在汲取优秀外来文化的过程中,首先需要考量的是作为文艺育德的重要载体,有着"人类的共同价值"的优秀文学作品要体现

---

[1]习近平.论党的宣传思想工作[M].北京:中央文献出版社,2020:28.
[2]习近平.习近平谈治国理政[M].北京:外文出版社,2014:258.

人类相通的共同追求,如自由、平等、民主等。其次,文艺育德本身作为处于交叉学科中的理论研究,可以适当借鉴心理学、社会学、美学等的教育方法,这些方法需要体现隐性思想政治教育方式方法的特征,通过润物无声、春风化雨般的浸润,提升受教育者的道德素质,使其适应社会要求。

结　语

　　人类生活的基础不是自然的安排,而是文化形成的形式和习惯。文化作为人类生活的"样法",以文艺为载体表现其内容、特征和规律。蕴含特定时代精神的优秀文艺作品在反思历史与反映当代中预示未来,考量人类社会的发展,试图使人摆脱文明每向前进一步而道德就倒退一步的困局。因此,现实中的个人于二律背反中从文学艺术的语言之美里寻求精神栖息地。中国共产党人正是基于这一现实存在的状况,以文学作品的视角,回答文艺与思想政治教育的关系问题,思考如何将思想政治教育的内容以艺术之美的形式表达出来,以此在满足人的精神回归需求的同时完成主流价值观念的灌输。这是基于中华民族的德教传统和特有审美价值取向的历史纵深研究,是对在生产力发展的历史轨迹上一脉相承地存在的"以文学作品来表达上层建筑"的笃定。这一社会行为的根本目的不是驯养思想观念高度一致的乌合之众,而是实现人的自由全面的发展。

　　中国特色社会主义进入新时代,社会主要矛盾转变为人民日益增长的美好生活需要和不平衡不充分的发展之间的矛盾。对新时代主流价值观念的传播的艺术把握需基于这一特定的生产力基础。习近平总书记站位高远,从民族发展与人类进步的视域进行考量,于优秀传统文化中汲取珍贵养分,并结合文化强国建设的宝贵经验和鲜活实际,坚持以人民为中心的发展思想,高度关注和重视在发展不平衡不协调的情况下人民的精神文化需求。本书通过对新文艺育德论的生成逻辑、内容体系、时代特征、理论品格以及时代意蕴的分析,总结出新文艺育德论的理论创新在哪里。这一思想作为新时代中国特色社会主义思想的"育德篇",既有对文艺育德思想的理论贡献,也有在彻底的科学性与真理性指导下的新时代思想政治教育学科创新发展、中国特色社会主义文艺事业繁荣发展的实践旨归等。这些重要论述亦会在理论创新与实践创新相统一的矛盾运动中继续与时俱进地发展。

笔者认为文艺育德的前提是厘清文艺和政治的关系,在不同的历史时期、不同的民族国家中,文艺和政治,两者之间的关系呈现出不断变化的存在形式,文艺育德要把握两者的关系,真正打破学科封闭状态而走向学科间性。这一跨学科研究对社会转型中的个人实现个体价值和社会价值的有机统一具有十分重要的意义。我们要回答好文艺和政治与国家行为之间的关系,进一步研究文艺育德关键所在。但文艺育德研究涉及众多学科,需要不同学科领域的学者集中力量进行理论创新和实践创新的活动。当然,于现代性和后现代性交织叠加的中国社会中转型的思想政治教育,随着文艺的内涵和外延的扩大,需要不断发掘新的文艺存在形式中的文艺育德现象,以此在人类审美意识的进一步觉醒中,安置人的精神,驱逐虚无与困顿,从而实现人的全面发展,并向"自由王国"迈进。

主要参考文献

一、经典著作类

[1]中共中央马克思恩格斯列宁斯大林著作编译局.马克思恩格斯选集:第一卷[M].2版.北京:人民出版社,1995.

[2]中共中央马克思恩格斯列宁斯大林著作编译局.马克思恩格斯选集:第二卷[M].3版.北京:人民出版社,2012.

[3]中共中央马克思恩格斯列宁斯大林著作编译局.马克思恩格斯选集:第三卷[M].北京:人民出版社,1972.

[4]中共中央马克思恩格斯列宁斯大林著作编译局.马克思恩格斯选集:第三卷[M].3版.北京:人民出版社,2012.

[5]中共中央马克思恩格斯列宁斯大林著作编译局.列宁选集:第一卷[M].3版.北京:人民出版社,1995.

[6]中共中央马克思恩格斯列宁斯大林著作编译局.列宁选集:第四卷[M].3版.北京:人民出版社,1995.

[7]毛泽东.毛泽东选集:第一卷[M].2版.北京:人民出版社,1991.

[8]毛泽东.毛泽东选集:第二卷[M].2版.北京:人民出版社,1991.

[9]毛泽东.毛泽东选集:第三卷[M].2版.北京:人民出版社,1991.

[10]邓小平.邓小平文选:第一卷[M].2版.北京:人民出版社,1994.

[11]邓小平.邓小平文选:第二卷[M].2版.北京:人民出版社,1994.

[12]邓小平.邓小平文选:第三卷[M].北京:人民出版社,1993.

[13]习近平.习近平谈治国理政:第一卷[M].2版.北京:外文出版社,2018.

[14]习近平.习近平谈治国理政:第二卷[M].北京:外文出版社,2017.

[15]习近平.习近平谈治国理政:第三卷[M].北京:外文出版社,2020.

二、重要文献类

[1]中共中央党史研究室.中国共产党的九十年:新民主主义革命时期[M].北京:中共党史出版社,2016.

[2]中共中央文献研究室.十三大以来重要文献选编(上)[M].北京:人民出版社,1991.

[3]中共中央文献研究室.十四大以来重要文献选编(中)[M].北京:人民出版社,1997.

[4]中共中央文献研究室.十五大以来重要文献选编(中)[M].北京:人民出版社,2001.

[5]中共中央文献研究室.十六大以来重要文献选编(下)[M].北京:中央文献出版社,2008.

[6]中共中央文献研究室.十七大以来重要文献选编(下)[M].北京:中央文献出版社,2013.

[7]习近平.在文艺工作座谈会上的讲话[M].北京:人民出版社,2015.

[8]习近平.在中国文联十大、中国作协九大开幕式上的讲话[M].北京:人民出版社,2016.

[9]习近平.决胜全面建成小康社会　夺取新时代中国特色社会主义伟大胜利——在中国共产党第十九次全国代表大会上的报告[M].北京:人民出版社,2017.

[10]习近平.摆脱贫困[M].福州:福建人民出版社,1992.

[11]习近平.高举中国特色社会主义伟大旗帜 为全面建设社会主义现代化国家而团结奋斗——在中国共产党第二十次全国代表大会上的报告[M].北京:人民出版社,2022.

[12]中央党校采访实录编辑室.习近平的七年知青岁月[M].北京:中共中央党校出版社,2017.

[13]习近平.在纪念毛泽东同志诞辰120周年座谈会上的讲话[N].人民日报,2013-12-27(2).

[14]中共中央关于繁荣发展社会主义文艺的意见[N].人民日报,2015-10-20(2).

[15]习近平.弘扬人民友谊 共创美好未来——在纳扎尔巴耶夫大学的演讲[N].人民日报,2013-09-08(3).

[16]习近平.在同各界优秀青年代表座谈时的讲话[N].人民日报,2013-05-05(2).

[17]张烁,兰红光.习近平在参观《复兴之路》展览时强调:承前启后 继往开来 继续朝着中华民族伟大复兴目标奋勇前进[N].人民日报,2012-11-30(1).

[18]霍小光,李学仁.习近平在同团中央新一届领导班子成员集体谈话时强调:紧跟党走在时代前列走在青年前列 在实现中华民族伟大复兴的征途中续写新光荣[N].人民日报,2013-06-21(1).

[19]习近平.在纪念孔子诞辰2565周年国际学术研讨会暨国际儒学联合会第五届会员大会开幕会上的讲话[N].人民日报,2014-09-25(2).

[20]习近平.青年要自觉践行社会主义核心价值观——在北京大学师生座谈会上的讲话[N].人民日报,2014-05-05(2).

[21]中共中央印发《关于加快构建中国特色哲学社会科学的意见》[N].人民日报,2017-05-17(1).

[22]习近平.在庆祝中国共产党成立95周年大会上的讲话[N].人民日报,2016-07-02(2).

[23]张烁.习近平在全国高校思想政治工作会议上强调:把思想政治工作贯穿教育教学全过程 开创我国高等教育事业发展新局面[N].人民日报,2016-12-09(1).

[24]李敬泽."两个重要":文艺地位和作用的再认识[N].人民日报,2015-03-20(24).

[25]蒋金锵.文化自信:中国自信的本质[N].光明日报,2016-10-26(13).

三、理论著作类

[1]张岱年.中国伦理思想研究[M].南京:江苏教育出版社,2009.

[2]黄蓉生.中国梦的理论视域[M].重庆:重庆出版社,2016.

[3]朱志敏.马克思主义中国化的理论与实践[M].北京:北京师范大学出版,2010.

[4]张耀灿,郑永廷,吴潜,等.现代思想政治教育学[M].2版.北京:人民出版社,2006.

[5]张耀灿,陈万柏.思想政治教育学原理[M].北京:人民出版社,2001.

[6]郑永廷.现代思想道德教育理论与方法[M].广州:广东高等教育出版社,2000.

[7]沈壮海.思想政治教育的文化视野[M].北京:人民出版社,2005.

[8]白显良.隐性思想政治教育基本理论研究[M].北京:人民出版社,2013.

[9]姚迎春.思想政治教育的文艺载体研究[M].北京:中国社会科学出版社,2013.

[10]刘晓哲.马克思主义文艺育德思想研究[M].北京:人民出版社,2016.

[11]何小勇.中国共产党的文艺育德思想与实践研究[M].广州:暨南大学出版社,2016.

[12]黄曼君.毛泽东文艺思想与中国文艺实践[M].武汉:华中师范大学出版社,2002.

[13]吴中杰.文艺学导论[M].4版.上海:复旦大学出版社,2010.

[14]李康平.当代中国马克思主义德育思想研究——改革开放30年党的德育理论发展研究[M].北京:社会科学文献出版社,2009.

[15]童庆炳.文学理论教程[M].4版.北京:高等教育出版社,2008.

[16]毕红梅,李东升.当代西方思潮与思想教育[M].武汉:华中师范大学出版社,2010.

[17]叶朗.美学原理[M].北京:北京大学出版社,2009.

[18]邱明正.新时期文学三十年——邓小平文艺思想与新时期文学[M].上海:上海社会科学院出版社,2008.

[19]侯海燕.科学计量学知识图谱[M].大连:大连理工大学出版社,2008.

[20]徐中玉.大学语文[M].4版.北京:高等教育出版社,2012.

[21]汪毓和.中国现代音乐史纲[M].北京:中央音乐学院出版社,2009.

[22]黄会林.中国电视艺术发展史教程[M].北京:北京师范大学出版社,2006.

[23]晨枫.当代中国歌曲艺术史纲[M].合肥:安徽文艺出版社,2011.

[24]陈锡喜.平易近人——习近平的语言力量[M].上海:上海交通大学出版社,2014.

[25]陆建德.马克思主义文艺理论研究(第5辑·2015)[M].北京:中国社会科学出版社,2016.

[26]张炯.论马克思主义与文学[M].北京:中国社会科学出版社,2013.

[27]马和平.中国特色马克思主义文风研究[M].芜湖:安徽师范大学出版社,2016.

[28]胡言会.李大钊文艺思想研究——兼论中国马克思主义与启蒙现代性的关系[M].上海:上海社会科学院出版社,2015.

[29]王元骧.审美超越与艺术精神[M].杭州:浙江大学出版,2006.

[30]曹廷华.文学概论(修订本)[M].2版.北京:高等教育出版社,1993.

[31]吉林大学中文系文艺理论教研室.文学概论[M].长春:吉林人民出版社,1981.

[32]衣俊卿.文化哲学十五讲[M].2版.北京:北京大学出版社,2015.

[33]郑克鲁.外国文学史(上)[M].北京:高等教育出版社,1999.

[34]《历史虚无主义辨析》编写组.历史虚无主义辨析[M].北京:学习出版社,2017.

[35]恩斯特·卡西尔.语言与神话[M].于晓,等译.北京:生活·读书·新知三联书店,2017.

[36]阿部正雄.禅与西方思想[M].王雷泉,张汝伦,译.上海:上海译文出版社,1989.

[37]伯特兰·罗素.西方哲学史[M].刘常州,译.南昌:江西人民出版社,2017.

[38]亚当·斯密.道德情操论[M].蒋自强,钦北愚,朱钟棣,等译.北京:商务印书馆,1997.

[39]B.A.苏霍姆林斯基.给教师的建议[M].杜殿坤,编译.2版.北京:教育科学出版社,1984.

[40]B.A.苏霍姆林斯基.给教师的一百条建议[M].周蕖,王义高,刘启娴,等译.天津:天津人民出版社,1981.

[41]托尼·本尼特.文学之外[M].强东红,译.北京:人民出版社,2016.

[42]塞缪尔·亨廷顿,劳伦斯·哈里森.文化的重要作用——价值观如何影响人类进步[M].程克雄,译.3版.北京:新华出版社,2010.

[43]列宁.列宁 论文学与艺术[M].北京:人民文学出版社,1983.

[44]卢梭.文学与道德杂篇[M].吴雅凌,译.北京:华夏出版社,2009.

[45]威尔伯·施拉姆,威廉·波特.传播学概论[M].陈亮,周立方,译.北京:新华出版社,1984.

[46]爱德华·W.萨义德.文化与帝国主义[M].李琨,译.北京:生活·读书·新知三联书店,2003.

[47]黑格尔.美学:第三卷下册[M].朱光潜,译.北京:商务印书馆,1981.

[48]希·萨·柏拉威尔.马克思和世界文学[M].梅绍武,苏绍亨,傅惟慈,等译.北京:生活·读书·新知三联书店,1980.

[49]ACHILLES S.Literature, Ethics, and Aesthetics: Applied Deleuze and Guattari[M].New York:Palgrave-Macmillan,2012.

四、期刊文章类

[1]季羡林.东学西渐与东化——为《东方论坛》"东学西渐"栏目而作[J].东方论坛,2004(5):1.

[2]沈壮海.毛泽东文艺育德论探析[J].高校理论战线,2004(1):23.

[3]姚迎春.试析亚里士多德的文艺育德思想[J].思想理论教育,2008(15):20.

[4]刘晓哲.试论研究文学的思想政治教育功能的必要性和可能性——两种学科视阈下的文学功能比较[J].思想理论教育导刊,2007(4):43.

[5]刘晓哲.列宁文艺育德思想探析[J].理论探索,2010(4):26.

[6]丁科,秦祖富.论毛泽东文艺育德思想[J].毛泽东思想研究,2011,28(2):44.

[7]刘晓哲.马克思主义"文艺育德"思想及其意义[J].马克思主义研究,2013(10):114.

[8]王东维,韩瑜.延安时期毛泽东的文艺育德思想[J].毛泽东思想研究,2012,29(6):39.

[9]董学文.文学本质界说考论——以"审美"与"意识形态"关系为中心[J].北京大学学报(哲学社会科学版),2005(5):79.

[10]董学文,陈诚."审美意识形态"文学本质论浅析[J].湖南师范大学社会科学学报,2006(3):103.

[11]孔令然.《金色笔记》的事件性与文学本质阐释[J].外语学刊,2018(3):117.

[12]祖国华.论儒家"礼乐教化"思想及其当代价值[J].湖南大学学报(社会科学版),2009,23(6):93.

[13]曾繁仁.儒家礼乐教化的现代解读[J].郑州大学学报(哲学社会科学版),2017,50(6):89.

[14]马永庆,韩云忠.儒家礼乐教化对核心价值观培育的价值[J].理论学刊,2018(3):98.

[15]王保国.儒道"天人合一"观的再读与反思[J].中州学刊,2019(1):112.

[16]曾繁仁.中国古代"天人合一"思想与当代生态文化建设[J].文史哲,2006(4):5.

[17]张苏,赵芃.道教的"天人合一"思想与生态文明建设[J].社会科学研究,2012(5):170.

[18]李宗桂.生态文明与中国文化的天人合一思想[J].哲学动态,2012(6):34.

[19]袁祖社."公共精神":培育当代民族精神的核心理论维度[J].北京师范大学学报(社会科学版),2006(1):108.

[20]赵炎秋.马克思、恩格斯文艺思想与十九世纪英国文学[J].湖南师范大学社会科学学报,2018(2):32.

[21]MOON S, ROSE S.Releasing the Social Imagination: Art, the Aesthetic Experience, and Citizenship in Education[J].Creative Education,2013,4(3):223.

[22]SANGER M,OSGUTHORPE R.Making Sense of Approaches to Moral Education[J/OL].Journal of Moral Education,2005,34(1):57[2020-02-01].https://www.tandfonline.com/doi/full/10.1080/03057240500049323.DOI:10.1080/03057240500049323.

[23]COPP D.Moral Education Versus Indoctrination[J].Theory and Research in Education,2016,14(2):149.